AF357675

DU PASSÉ, DU PRÉSENT ET DE L'AVENIR

DE

L'ORGANISATION

MUNICIPALE

DE LA FRANCE.

DU PASSÉ,

DU PRÉSENT

ET

DE L'AVENIR

DE

L'ORGANISATION MUNICIPALE

DE LA FRANCE,

Par Emile CHAMPAGNAC, *avocat.*

> Un plan de division d'un grand empire
> est presque à lui seul la constitution.
> THOURET, *Discours à l'Assemblée
> constituante.*

TOME PREMIER.

St-FLOUR,

VIDAL FILS, LIBRAIRE; VIS-A-VIS LA CATHÉDRALE.

PARIS,

RORET, LIBRAIRE, 10, RUE HAUTEFEUILLE.

1842.
1843

PRÉFACE.

Je ne suis pas assez haut placé pour observer le jeu de notre organisation politique. Je ne puis la comprendre qu'à l'aide de l'histoire contemporaine, du bruit de l'opinion publique et des journaux. Toutefois, il est un point de notre droit public que j'ai tâché d'analyser particulièrement. J'étais plus à même

de le connaître, et cela, parce que ses effets se révè-
lent à chacun de nous tous les jours, nous touchent à
tout moment. Je veux parler de la constitution de la
commune.

J'ai voulu étudier les lois organisatrices qui la ré-
gissent chez nous, et calculer le résultat de ces lois.
Dans cette étude, j'ai été conduit à remonter aux temps
antérieurs, à pénétrer dans l'histoire des anciennes
communes. C'était donc non seulement un travail statistique, mais un travail historique que je faisais.

Aux yeux de l'observateur qui le considère attentivement, notre système municipal est loin de paraître
satisfaisant. Il ne contente pas l'esprit sous le point de
vue théorique, et d'une autre part, on voudrait lui
voir produire de meilleurs résultats pratiques, en
d'autres termes, on voudrait une réforme. Puis quand,
soumettant cette idée au creuset de la réflexion et de
l'observation, on considère les rapports de la commune
avec les autres divisions territoriales et administratives de l'Etat, on s'aperçoit que les élémens d'une
réforme existent en germe et qu'il n'est besoin que de
les mettre en œuvre.

Le sujet que je traite est vaste et sérieux.

Dans son livre sur la *Démocratie en Amérique*,
M. Alexis de Tocqueville a dit : « C'est dans la com-
» mune que réside la force des peuples libres. Les ins-
» titutions municipales sont à la liberté ce que les écoles
» primaires sont à la science : elles la mettent à la por-
» tée du peuple, elles lui en font goûter l'usage paisible
» et l'habituent à s'en servir. Sans institutions com-

» munales une nation peut se donner un gouvernement
» libre, mais elle n'a pas l'esprit de la liberté. Des
» passions passagères, des intérêts d'un moment, le
» hasard des circonstances peuvent bien donner un
» instant les formes extérieures de l'indépendance ;
» mais le despotisme, refoulé dans l'intérieur du corps
» social, reparait tôt ou tard à la surface. »

D'autres publicistes, et des plus remarquables, sont
de l'avis de celui que je viens de citer (1).

L'importance de l'organisation communale est telle
qu'elle a frappé même les utopistes contemporains,
ceux qui, à la manière de Thomas Morus et de Cam-
panella, ont rêvé une condition meilleure pour les
classes populaires. Ainsi nous voyons Fourier, ce rê-
veur de génie, qui, tout en étalant des projets irréa-
lisables, a laissé des idées dont le monde peut profiter
en les dégageant de ce qu'elles ont de chimérique ;
nous le voyons, dis-je, proclamer qu'il ne peut y
avoir dans le monde un bon système d'association si

---

(1) Et des publicistes de tous les partis : ils sont à peu
près unanimes sur ce point.

Voyez de Bonald, *Législation primitive du pouvoir poli-
tique et religieux* ; Béchard, *Centralisation administrative* ;
Benjamin Constant, *Cours de politique constitutionnelle*,
au chapitre qui a pour rubrique : *du Gouvernement muni-
cipal* ; De Barante, *Des Communes et de l'aristocratie* ;
Auguste Billard, *Organisation démocratique de la France* ;
Lamennais, *Politique à l'usage du peuple* ; Cormenin,
Introduction au Droit administratif.

l'on n'institue pas d'abord la phalange. Or, la phalange, c'est la commune sociétaire, c'est la molécule intégrante du système social de Fourier.

Mais ce qu'il y a de plus sérieux encore, c'est que tous ceux qui ont été appelés à être les législateurs des peuples, et qui se sont montrés dignes de ce nom, ont attaché une grande importance à la constitution de la commune, et quand ils ne l'ont pas trouvée établie, ils ont essayé de l'organiser. C'est ce que firent d'une manière incomplète, il est vrai, les membres de l'Assemblée constituante, et quelque temps après la Convention nationale, lorsque, sur le point de terminer sa longue et laborieuse carrière, elle fit la constitution de l'an III, où la commune tient une forte place.

L'utilité d'un bon système municipal est chose incontestable dans tous les temps, dans tous les lieux ; indépendamment de cette utilité absolue, la matière est dans ce moment-ci palpitante d'actualité. En effet, deux questions bien vives s'agitent en France : l'une, toute politique, qui a pour but d'étendre les droits du citoyen et changer par suite les tendances du gouvernement, c'est la question de la réforme électorale ; l'autre, toute sociale, qui, si elle était résolue, devrait apporter une grande amélioration dans la condition morale et physique de l'homme du peuple, modifier la distribution actuelle de la richesse ; en un mot, assurer aux masses, sans désordre ni bouleversement, une somme de bien-être plus considérable.

Or, je dis et j'espère prouver dans cet ouvrage que

la question de la réforme électorale n'a pas de solution possible et même supportable sans la réforme municipale. Quant à la question de l'organisation du travail, elle est immense, elle touche à tous les points de l'économie publique, et fait le désespoir des économistes et des publicistes de toutes les sectes et de tous les partis. Cependant un grand nombre d'entre eux sont restés d'accord sur un point; c'est que le problème de l'organisation du travail n'est pas susceptible d'une solution immédiatement complète ; il a tout à attendre du temps et des institutions, des institutions municipales surtout.

Beaucoup de livres ont été publiés sur cette matière; mais dans aucun, que je sache, elle n'a été embrassée sous tous ses aspects. Les uns, comme MM Guizot, Thierry et Raynouard, ont envisagé la partie historique du sujet; d'autres, comme MM. Henrion de Pensey et Foucart, ont traité la matière en jurisconsultes; d'autres, comme MM. de Barante et Auguste Billard, l'ont considérée sous le point de vue des réformes à opérer.

Quant à moi, j'ai essayé d'embrasser le sujet sous ces diverses faces et de condenser des matières si vastes sous un très-petit volume. J'ai profité, je ne pouvais pas ne pas profiter des travaux des auteurs qui ont écrit sur la matière; mais tout n'est pas d'emprunt dans cet ouvrage, et, si l'on veut y regarder de près, on y trouvera quelques aperçus neufs.

J'ai entrepris une œuvre dont l'exécution n'est pas facile, car elle exigerait à la fois l'érudition de l'historien, les connaissances et la pratique du jurisconsulte, la science du publiciste et l'art de l'écrivain : c'est assez dire combien je serai au-dessous de mon sujet.

Les quelques personnes dont j'ai l'honneur d'être connu, me diront que je suis bien jeune pour traiter un sujet aussi sérieux et qui exige des connaissances et une expérience qu'on n'a pas à mon âge. — L'observation est si juste que je ne me sens pas le courage d'y répondre. Je dirai seulement que ce livre n'est pas un livre de polémique, il ne s'adresse pas à cette classe de lecteurs qui recherchent dans les écrits politiques des émotions intellectuelles et la satisfaction à des sympathies ou des haines de parti , mais bien aux partisans des réformes calmes et modérées. C'est tout simplement un livre de droit public et de théories administratives. L'auteur sait qu'il ne produira pas grand effet; mais si son livre ne fait pas de bien, il passera inapperçu et il ne fera pas de mal. Il y manque, je le sais, ce qui fait toujours défaut dans les écrits de tous les hommes jeunes qui, voulant aborder des sujets sérieux, n'ont ni l'expérience des hommes, ni la science des affaires; mais on reconnaîtra, j'ose l'espérer, dans l'auteur , une modération qu'on ne rencontre que rarement chez les jeunes gens qui abordent des discussions qui ont des points de contact avec la politique.

Ce n'est pas que je croie que nous soyons dans le meilleur des mondes possibles. Il y a beaucoup à réformer en France, et pour mon compte, je pense que pour opérer des réformes, nous ne devons plus invo-

quer des idées qui ont fait leur temps , mais bien les
principes nouvellement admis : ils sont plus sûrs ,
plus en harmonie avec les besoins de la société , et
cela , parce qu'ils ont été proclamés plus tard , parce
que le progrès s'opère là comme ailleurs , et que vouloir résister au progrès , immobiliser la société dans
les mêmes institutions , ou vouloir la faire rétroagir ,
c'est créer des résistances qui , nécessitant une certaine violence pour être vaincues , provoquent tôt ou
tard des révolutions. Or , quand une société en est au
point où se trouve actuellement la société française ,
alors que , débarrassée de certains préjugés , elle a
brisé le lien des traditions antiques , c'est par la voie
des réformes calmes qu'elle doit chercher à améliorer
ses institutions et non par le moyen des révolutions
qui coûtent trop cher.

Nos pères de 89 firent une révolution. C'était alors
le seul moyen de mettre la société sur le chemin de
l'unité et du progrès. Je ne pense pas qu'on doive
procéder aujourd'hui d'une manière aussi brusque ,
aussi radicale. Et toutefois dans les réformes que nous
avons à opérer , nous ne devons pas perdre de vue le
dogme de la souveraineté du peuple qu'ils procla-
mèrent d'une manière si énergique et si éclatante.

Dans la troisième partie de ce livre , ce dogme sera
aussi mon point de départ.

Démocrate non par tradition , ni par éducation , ni
par l'influence des personnes avec qui j'ai l'honneur
d'être en relations , mais par choix volontaire et tout-
à-fait libre , je puis dire aussi que mes principes poli-

tiques ne sont l'effet de l'affection ni de la haine, mais de l'étude et de quelques observations. Trop jeune pour avoir pris part à nos mouvemens révolutionnaires, je suis assez bien placé pour être impartial, modéré, et pour juger des choses, si non avec pleine et entière connaissance de cause, du moins avec sang-froid et sans prévention aucune. Je dois subir un peu l'influence de notre époque. Quel est l'homme qui peut y échapper complètement? Nul n'a le droit de s'en flatter. Je suis loin de répudier du reste l'influence des idées nouvelles; mais, tout en les acceptant, j'ai essayé de les raisonner.

Après tous les aveux que je viens de faire, on me demandera qu'elle est l'utilité du livre que je publie?

Elle ne sera pas grande sans doute, et je me contenterai de répondre avec un grand philosophe de notre époque : « Le plus pauvre possède quelque » chose, et ce peu, quel qu'il soit, ne lui a été donné » que pour servir à tous. » Ces paroles, que M. de Lamennais a écrites pour lui, ne s'appliquent pas à des hommes de sa trempe, mais à des jeunes gens qui, comme moi, s'essaient à disserter sur les institutions et l'histoire de leur pays.

Saint-Flour, 1er septembre 1842.

INTRODUCTION.

Jᴇ me propose de traiter dans ce livre des principes de l'organisation municipale, d'examiner ce qu'elle a été, ce qu'elle est aujourd'hui en France, et de raisonner sur ce qu'elle devrait y être. Je considère le sujet comme très-important, car il est

impossible qu'une nation soit vraiment libre, si elle
n'a pas de bonnes institutions municipales. J'observe,
d'ailleurs, que c'est surtout dans la constitution de
la commune, que s'incarne le principe démocratique
qui peut seul assurer un avenir long et florissant
aux institutions que se donnent et se donneront les
peuples modernes.

Dans le commencement, l'organisation à laquelle furent soumises les sociétés n'embrassait pas
une nation entière : le gouvernement régulier d'un
grand empire ne vient qu'après des vicissitudes
sociales nombreuses, et ne peut être que le résultat
d'une civilisation perfectionnée.

La famille fut la première société, et par suite,
le premier des gouvernemens fut l'autorité du père
de famille, autorité dont la sanction et le prestige
étaient l'affection et le respect des enfans. Mais ce

mode d'association ne suffit pas long-temps, car il ne pouvait avoir une durée de plus de deux ou trois générations, et le père de famille une fois mort, le gouvernement politique ne subsistait plus.

Alors plusieurs familles s'étant trouvées réunies sur un même territoire, durent nécessairement avoir des relations habituelles, des besoins communs. Il fallut bien maintenir de l'ordre dans ces rapports, et pour cela établir une autorité ; quand en effet il s'élevait un différent entre deux membres de la société, un juge était nécessaire pour le terminer. Ce juge devait se conformer à une certaine loi, ou pour parler plus exactement, à une certaine coutume. Il fallait, de plus, un pouvoir coactif qui vint prêter main-forte. En un mot, il fallait un gouvernement, et, comme l'association se trouvait composée de plusieurs familles, elle dut avoir un gouvernement fondé sur une base plus large que celle du gouvernement de la famille.

Je sais bien que les hommes qui se trouvaient dans cette situation ne se rendaient pas compte de cela, comme nous pouvons le faire aujourd'hui. Mais tout porte à croire que, dans de telles conjonctures, les choses ne durent pas se passer autrement.

Cette seconde espèce de société, qui vint après la famille, fut ce qu'on appelle généralement la *tribu*.

Le sens que j'attache au mot *tribu* a été exprimé par différens noms, suivant les divers pays où s'est produit cet état de choses. Tantôt on l'a appelée peuplade, tantôt clan. Mais ces divers noms expriment des situations sociales à peu-près analogues.

La tribu venant dans l'ordre chronologique immédiatement après la famille, il est naturel de penser que les membres de cette association qui, après la mort du père de famille, se trouvaient en position d'exercer la souveraineté dans toute sa plénitude, le firent, suivant les idées qu'ils pouvaient avoir du gouvernement, et suivant des préjugés de tradition dont les hommes ne se défont jamais complètement, et que par suite, ils introduisirent dans la constitution de la tribu plusieurs des procédés du gouvernement de la famille primitive.

Des faits historiques viennent du reste confirmer ces conjectures et en font ressortir la justesse.

Qu'était-ce qu'un clan d'Écosse? Ce n'était qu'une tribu rurale et militaire sous l'autorité d'un chef qui, suivant la tradition, descendait en ligne de primogéniture du père commun. Ce chef portait, dans les insignes de ses attributions, des marques symboliques qui indiquaient l'assimilation de sa puissance à celle du père de famille.

Les Arabes du désert se piquent d'avoir conservé, plus que les autres nations, les traditions et les mœurs des temps anciens. Eh bien! le gouvernement actuel des tribus arabes est patriarchal; et sous la tente du désert, nous retrouvons encore quelque chose d'analogue à ce qu'on nous raconte du temps d'Abraham, d'Ismaël et des Patriarches.

J'ai dit que le gouvernement de la tribu ressemblait, sous beaucoup de rapports, à celui de la famille; ce fut, en effet dans le passage d'un état à l'autre, le fils aîné qui succéda le plus souvent au père, car les frères, voyant en lui le représentant du père de famille, lui déféraient la puissance. De là le droit d'aînesse et son importance chez les Hébreux, chez les anciens Écossais, dans les temps féodaux et même chez quelques peuples modernes.

Ainsi s'expliquent la plupart des institutions et des idées que nous ne pouvons justifier au point de vue purement logique. Nous sommes obligés, pour nous en rendre compte, de remonter la chaîne des habitudes traditionnelles, et alors, nous restons convaincus de cette vérité, à savoir : que les hommes civilisés sont seuls capables de procéder logiquement dans le réglement de leur organisation politique ; que les hommes primitifs n'agissent qu'instinctivement, et comme ces institutions, instinctives à l'origine, se sont profondément enracinées dans la société, il faut des luttes pour les détruire et leur substituer quelque chose de plus rationnel, de plus en harmonie avec l'esprit du temps. Et voilà pourquoi nous voyons dans l'histoire que le progrès ne s'accomplit guère qu'à l'aide des révolutions.

D'après ce que j'ai dit ci-dessus il ne faudrait pas croire que le gouvernement patriarchal a été celui de toutes les sociétés formées par les habitans primitifs d'un pays. Quelquefois il est arrivé que des hommes, fuyant la persécution, la misère, souvent même, mus uniquement par le désir de s'enrichir, ont quitté leur patrie et sont allés s'établir en colons guerriers, agriculteurs ou marchands dans des pays inhabités ou habités par des hordes barbares et sauvages. Là ils ont formé des associations pour la défense extérieure et pour le gouvernement intérieur , associations où ils introduisaient toujours quelque chose du gouvernement de la mère patrie. A de telles sociétés on donne plutôt le nom de *commune* ou de *municipe* que celui de *tribus*. Telle a été l'histoire de certaines colonies grecques ou romaines. Tels ont été les premiers établissemens dans l'Amérique du Nord des *Anglo-Américains* dont les descendans sont aujourd'hui les citoyens des États-Unis.

Le mot de commune, pris dans une acception éthymologique et générale, s'applique à toute société d'hommes dont les relations et les intérêts communs sont réglés par un gouvernement. Prise dans ce sens, la qualification de *commune* devrait s'appliquer à la *tribu*. Cependant dans l'acception vulgaire ces deux mots n'expriment pas une seule et même idée. J'espère faire comprendre ma pensée par ce qui va suivre.

Les peuples à mœurs nomades et guerrières sont d'ordinaire divisés par *tribus*, et se partagent le pays à parcourir, afin d'y butiner, ou d'y faire paître leurs troupeaux plus à l'aise. Chacune de ces tribus a un chef, un petit gouvernement à elle.

Toutefois elle se rattache au grand peuple, à la grande invasion.

Quelquefois, la tribu est sédentaire, et cela arrive quand un peuple passe de l'état de guerrier nomade ou pasteur à l'état de peuple agriculteur.

Mais on n'appelle pas *tribus* des collections d'hommes habitant des villes, bourgs ou des villages très-rapprochés, alors surtout que ces populations ont une organisation politique quelque peu perfectionnée. Dans ce cas, les associations qui sont renfermées dans de petites circonscriptions territoriales portent le nom de commune, ou un nom équivalent.

Ainsi, par son gouvernement, la tribu participe de la famille, par son étendue, de la commune. Elle diffère, toutefois, de l'une et de l'autre; car elle forme une plus forte association que la famille, et d'un autre côté, elle dénote une organisation politique, moins avancée que la commune.

La tribu mène un peuple à l'aristocratie, surtout à une aristocratie territoriale. Tandis que le mot de commune fait naître dans l'esprit l'idée de république, et surtout de république démocratique.

Ce n'est pas que je veuille dire qu'on rencontre seulement la commune, dans les pays soumis à un

régime républicain, ou à tout autre genre de constitutions libres. Je veux dire, seulement, que le
type d'une commune bien organisée ne se rencontre
pas là où il n'y a pas de liberté.

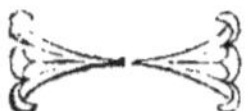

Le gouvernement de la commune est susceptible
d'innombrables variations qui dérivent, soit de l'état
social, soit de l'état topographique et physique du
pays où elle se trouve, soit du génie du peuple
et même de ses relations internationales, soit, plus
particulièrement encore, des relations de la commune avec les autres puissances qui l'entourent,
ou la nation dont elle fait partie.

Quelquefois, il arrive qu'un état n'a pas plus
d'étendue qu'une commune. Alors, la commune
forme une puisssance indépendante. Dans ce cas, le
gouvernement municipal n'implique pas, seulement,
la gestion des petits intérêts de localité, il a une

bien autre portée, c'est, à la fois, la législature, la justice civile et criminelle, la défense du territoire, l'administration.

Tel était l'état politique des villes de l'ancienne Grèce, telle était la situation de Rome à son début, alors que l'empire ne s'étendait guère au-delà de la ville et d'une banlieue peu étendue.

C'est ce qu'est aujourd'hui Genève, malgré le lien fédéral qui l'unit à la Suisse, lien qui a été formé, plutôt en vue d'une défense commune que d'une véritable organisation intérieure de gouvernement fédéral.

Quelquefois la commune est une localité urbaine qui, se trouvant enclavée dans un empire qui n'a pas d'institutions politiques libres, a, quand elle a acquis, ou conservé de certains droits politiques, la faculté de se gouverner elle-même, moyennant un tribut, ou en faisant hommage à un suzerain. C'était l'état de ces communes du moyen-âge qui, au milieu du onzième et douzième siècles, firent tant de révolutions partielles au sein de la France féodale ; telles étaient les communes flamandes, les villes hanséatiques, les cités libres et impériales de l'empire germanique, et, aujourd'hui, Augsbourg en Allemagne nous offre sous certains rapports une image vivante de cet état de choses.

Dans ces pays où la liberté ne se trouve qu'au sein de petites républiques tolérées et enclavées au milieu d'une nation totalement privée d'institutions libres, le mot de liberté est synonime de privilége et de franchise ; tandis que dans les grands états libres des temps modernes le mot de liberté est synonime de droit commun.

Dans les nations où un même gouvernement s'étend également sur toutes les parties du territoire, le mot de *commune* signifie une unité politique qui a son individualité propre, et en même temps une circonscription administrative partie de la nation.

Toutes les grandes nations sont divisées par communes.

La liberté ne sera guère dans la commune qu'autant qu'elle sera dans l'état ; et dans ce dernier cas les institutions municipales auront une importance différente suivant que le gouvernement politique sera fédéral , ou basé sur le principe de la *centralisation*.

La nation , si le système fédéral y prévaut , ne sera qu'une association d'états , lesquels ne seront à leur tour que des associations de cités communales unies entr'elles par un lien fédéral.

Dans les états , au contraire , où prévaut le système de la centralisation , la nation sera l'ensemble des citoyens habitant un même territoire et divisé en circonscriptions communales , pour régulariser la marche de l'administration , donner satisfaction aux petits comme aux grands intérêts , mettre de l'ordre dans les opérations du gouvernement et faciliter l'exercice des droits politiques de chacun.

Le système de la centralisation n'est pas exclusif d'institutions municipales libres , et toutefois dans les pays centralisés , je remarque que la commune a moins d'importance que dans les pays gouvernés d'après le système fédéral. Dans le premier cas , en effet , l'individualité de la commune est beaucoup moins caractérisée que dans le second.

Du reste quelque soit le système du gouvernement général, le gouvernement municipal doit avoir pour objet : 1° de faire en sorte que les citoyens veillent et pourvoient avec zèle aux intérêts locaux ; 2° d'organiser la commune de manière à ce qu'elle puisse seconder le gouvernement central, sans toutefois porter aucune entrave à sa marche, à la charge par ce dernier de ne pas léser les intérêts locaux, sans un profit évident pour l'intérêt général.

Toute organisation municipale qui n'atteint pas ce double but me semble manqué.

Entre la commune et la nation il y a dans les grands empires un intermédiaire qu'on appelle du nem général de province. Quand le gouvernement de la nation est fédéral, la province a une importance immense, elle forme l'état, et la nation n'est que l'union des divers états. Telle est la situation politique de la république Anglo-Américaine des États-Unis.

Dans les pays où le gouvernement est puissamment centralisé, la province n'est qu'une circonscription administrative, tel est le département de France. J'appliquerai donc à la province ce que je disais de la commune ; elle aura plus ou moins d'importance, suivant que le gouvernement se rapprochera du système fédéral ou de la centralisation.

Dans les nations dont les diverses parties ont été rassemblées sous un même gouvernement, à l'aide de la conquête des alliances ou des traités, la province est une puissance jadis indépendante, souvent même il arrive que sa condition est celle d'un état conquis. Pendant un assez long espace de temps on la voit conserver ses lois, ses coutumes propres. Mais, étant gouvernée par le vainqueur, ou la puissance à laquelle elle se trouve agrégée, elle subit son influence ; et si, par hasard, il arrive qu'elle soit plus civilisée que la puissance dominante, elle fait subir à cette dernière une influence moins matérielle, mais non moins profonde. Des relations se forment, à la longue, on oublie l'ancienne diversité d'origine, puis il s'opère un mélange d'hommes, de mœurs, d'idées, de langage. De ce mélange commence à surgir l'unité dont le besoin se faisant profondément sentir provoque une forte tendance centralisatrice dans le gouvernement. L'unité était dans le moral de la nation, pour la consommer on veut la faire passer dans les lois. Ainsi se sont passées les choses en France depuis l'avènement des rois capétiens jusqu'en 1789. Telle me paraît avoir été et devoir être la destinée d'une nation voisine : l'Espagne.

Je me demande si l'organisation municipale de la France fonctionne comme elle devrait le faire.

Les quelques observations que j'ai faites jusqu'à ce jour me conduisent à répondre négativement.

Et d'abord, je trouve que si, pour une nation qui se dit libre, la France manque d'esprit public national, elle manque bien davantage encore d'esprit public communal

« La raison en est simple, me dira-t-on, le génie politique de la France, c'est l'unité, la sanction de l'unité, le procédé qui sert à la maintenir et à l'établir, c'est la centralisation. Où nous mènerait un perfectionnement dans l'organisation municipale, un accroissement de libertés communales ? évidemment à la satisfaction de certains intérêts de localité, or c'est encore aujourd'hui comme autrefois, l'ardeur pour les intérêts de localité qui porte des entraves à l'accroissement de la prospérité nationale. Et n'est-ce pas pour empêcher que ces intérêts locaux ne l'emportent sur l'intérêt national que nous voyons, parmi les partisans de la réforme électorale, de bons esprits insister sur ce point : qu'il faut abolir le fractionnement des colléges électoraux par arrondissemens et opérer leur translation au chef-lieu du département. D'un autre côté les ministres eux-mêmes se plaignent que ceux qui les approchent, et dont ils sont obligés de subir l'influence, n'agissent qu'en vue des intérêts de localité ? »

Ces plaintes sont fondées, mais la cause du mal

n'est pas dans les libertés municipales que nous avons. Cet état de choses ne serait pas plus fâcheux si nous en avions davantage. D'un autre côté la centralisation n'est pas exclusive d'un système municipal, largement, librement organisé; la France doit faire marcher de front une bonne organisation municipale, et le système de la centralisation.

Cela vient, ce me semble, de ce que nous avons l'égoïsme local et non le patriotisme communal. Ces deux choses ne se ressemblent pas. Entre l'un et l'autre il y a la même différence morale que celle qui existe entre l'émulation et l'envie, entre l'amour-propre et la jalousie.

L'égoïsme local est un sentiment étroit, exclusif, il tient plus qu'on ne pense au système éminemment bourgeois du *chacun chez soi*, *chacun pour soi* en politique, du *laisser faire*, *laisser passer* en économie politique, système qui n'est propre qu'à introduire la concurrence effrénée dans l'industrie, l'esprit d'agiot en finances et qui ruinera la classe moyenne elle même en élevant sur ses débris ces gros capitalistes qui forment la classe, non la plus altière et la plus dure, mais la plus égoïste et la plus inaccessible aux sentimens de charité sociale.

C'est parce que l'égoïsme local est le produit d'un tel système qu'on doit le reprouver hautement.

Il ne faut pas, je le repète, le confondre avec le patriotisme communal qui consiste à montrer quelque abnégation pour la localité que l'on habite en la considérant comme une petite patrie image de la grande, et non comme un lieu ayant des intérêts distincts de la nation entière.

Ainsi, selon moi, ce n'est pas faire preuve de patriotisme communal que de cabaler au préjudice de la commune voisine en vue de lui enlever quelque avantage ; mais il y en aurait à donner aux intérêts de la commune dont on fait partie, toute l'attention, tout le zèle dont on est capable. Par là s'établirait entre les municipalités une digne émulation, une louable rivalité ; alors chacune d'elle se piquerait de surpasser sa voisine en bonne administration ; et nous aurions en France des villes bien pavées, bien éclairées, l'eau jaillirait de fontaines élégantes sur nos places publiques ; nos villages ne seraient pas aussi bourbeux, nous ne verrions pas nos chemins vicinaux dans un état pitoyable, et des écoles primaires répandues dans nos campagnes empêcheraient les populations de croupir dans cette ignorance qui, quoiqu'on en dise, n'empêche pas la corruption des mœurs, mais la rend plus grossière et plus ignoble.

Voilà ce que nous obtiendrions d'un bon système municipal et de l'esprit public communal qui en serait la suite. Voilà ce que nous n'aurons jamais avec notre mauvais système municipal et notre égoïsme local.

Pour bien raisonner sur les institutions politiques d'un pays il faut s'attacher aux points de vue suivants :

1° Le point de vue traditionnel ou historique.

2° Le point de vue statistique et juridique qui implique la connaissance de l'institution dans son état actuel.

3° Le point de vue critique, il n'est guère d'institutions humaines sur lesquelles on n'ait beaucoup à redire.

4° Le point de vue politique ou celui des réformes à opérer ; c'est pourquoi :

J'étudierai 1° l'histoire de notre ancienne organisation municipale , c'est-à-dire , l'histoire du municipe romain dans les Gaules, de la commune du moyen-âge , du système provincial de l'ancienne monarchie , enfin l'histoire des variations de notre droit municipal depuis 1789 jusqu'à nos jours.

2° J'exposerai l'état actuel de la législation.

3° Je soulèverai quelques critiques sur cette législation , et j'indiquerai les bases sur lesquelles doit s'opérer la réforme.

LIVRE PREMIER.

PARTIE HISTORIQUE.

CHAPITRE Ier.

DU MUNICIPE ROMAIN.

Celui qui voudrait se faire une idée complète de la
civilisation française, se trouverait obligé de remonter
aux origines de cette civilisation, et, dans ce travail,
l'analyse le forcerait à reconnaître des élémens divers.

Il y trouverait :

1° L'élément celtique ou gaulois. Le fonds de la

population de la France est resté gaulois. La conquête
romaine et l'invasion germanique ont un peu modifié,
j'en conviens, le fonds de cette population ; mais ces
races envahissantes ont fini par être absorbées par la
population celtique. Nous sommes restés gaulois, et
ce qui le prouve le plus, c'est que le caractère des
Français d'aujourd'hui est le même que celui des anciens Gaulois, que César décrit d'une manière si pit-
toresque et si vraie.

2° L'élément romain : c'est dans notre langue et
dans notre droit civil que nous retrouvons surtout les
origines romaines.

3° L'élément chrétien : il a jeté dans le monde des
germes féconds, il a changé la moralité de l'homme
individuel, et par suite, l'économie de la société.

4° L'élément germanique : il a puissamment modifié les mœurs gallo-romaines ; c'est à l'élément germanique, combiné avec l'élément chrétien, qu'il faut
reporter l'origine de ces idées chevaleresques et guerrières qui donnent à notre esprit une certaine tour-
nure, qui le distingue profondément de l'esprit des
hommes de l'antiquité (1).

5° L'élément hellénique : son influence a été toute

---

(1) Voyez Guizot, *Histoire de la civilisation en France*.
Voyez aussi Savigny, *Histoire du Droit romain pendant
le moyen-âge*. Hallam, *L'Europe au moyen-âge ;
Histoire de la langue française*, par M. Ampère fils. Voy.
aussi Villemain, *Cours de Littérature française*.

intellectuelle d'abord. Les traditions artistiques et les doctrines philosophiques de la Grèce s'étaient grossièrement vulgarisées dans le sein des universités du moyen-âge , par l'étude des œuvres philosophiques d'Aristote et de son commentateur arabe, Averroès ; plus tard, la prise de Constantinople ayant mis les Grecs fugitifs plus en contact avec les nations de l'Occident , l'antiquité grecque fut beaucoup mieux étudiée , et il en résulta pour la France une forte impulsion scientifique, littéraire, et même sociale, car nous devons beaucoup aux Grecs sous le rapport des théories politiques.

Ces élémens combinés ont concouru à former la civilisation française.

Ce n'est pas seulement sa langue et son droit civil que nous a légué Rome , elle nous a , de plus , légué son système municipal dont les traces , il est vrai , peuvent à peine se reconnaître dans nos institutions modernes , résultat du débris des anciennes institutions brisées et mêlées par le marteau révolutionnaire , fécondées et ravivées par un esprit nouveau.

Il faudrait donc , pour bien comprendre l'histoire

municipale de la France anté-révolutionnaire, connaître d'abord le système municipal romain, suivre
son histoire pendant les invasions, sous la féodalité,
observer ses rapports avec un autre système municipal, celui des communes du nord de la France au
moyen-âge; déterminer enfin quelles furent les destinées de ce régime sous la monarchie absolue.

Rome ne fut, à tout prendre, qu'une municipalité
conquérante et dominatrice. Ce fut seulement pendant
l'Empire qu'elle devint le point central d'une administration grandement organisée. Toujours est-il que,
sous la république et les premiers empereurs, elle
n'était qu'une cité; mais cette cité donnait des lois
au monde.

Le régime municipal qu'elle introduisit dans les
cités des provinces était en petit l'image du gouvernement de la ville éternelle. Dans le municipe, toutefois,
le gouvernement s'exerçait dans une sphère bien plus
étroite qu'à Rome. A Rome était le gouvernement
politique pour la ville et pour tout l'Empire. Dans
les cités des provinces, au contraire, l'action municipale était toute administrative; elle n'était appelée
qu'à la gestion des intérêts locaux.

Mais comment Rome, qui n'était à l'origine qu'une simple cité du Latium, un municipe indépendant comme Albe ou tout autre ville environnante; comment, dis-je, Rome qui, de ce point de départ, forma par la conquête un Empire qui comprenait cette vaste étendue de pays qu'on appelait *orbis romanus*, fit-elle pénétrer son régime municipal dans les provinces, et quel était, en définitive, ce régime municipal?

C'est sur quoi je vais présenter quelques réflexions.

Les conquêtes romaines eurent d'abord pour objet les peuples d'Italie : il n'en pouvait être autrement. Il faut observer que, dans ces temps reculés, la population n'était pas distribuée comme elle l'est chez nous actuellement. A l'exception des peuplades montagnardes, les autres habitans n'étaient pas éparpillés dans des villages et des hameaux; ils résidaient tous dans des villes ou de gros bourgs; chaque ville, chaque bourg, avec sa banlieue agricole, formait une cité indépendante qui avait son gouvernement. Je dis une cité indépendante, mais on comprend bien que de cela même qu'il en existait une multitude, il devait souvent éclater entre elles des guerres où périssait l'indépendance de quelques-unes. Un équilibre parfait ne devait pas toujours régner. Cependant il devait en exister un : je me figure Rome venant le détruire, dominer ce qui l'entourait, puis devenir assez forte en population et en territoire pour attaquer non-seulement des cités individuelles, mais encore des ligues de cités; car les Etrusques, les Samnites n'étaient pas des peuples , des nations , dans le sens moderne atta ché à ce mot , mais des confédérations de villes.

Dans ses premières conquêtes , Rome n'essayait pas de substituer , *de plano* , son gouvernement à celui du pays conquis ; elle n'était pas encore assez puissante pour cela , et le sénat de Rome était trop politique pour ne pas savoir qu'il est plus facile de conquérir un peuple , et même de le détruire , que de le tenir sous sa sujétion , en lui ôtant ses lois et ses coutumes. Mais en laissant subsister les cités conquises , Rome aurait entretenu autant de foyers de discorde au sein de l'Empire , et ce qui était pis encore, d'un Empire naissant. Au lieu de cela , que faisait-elle? Tantôt elle amenait en esclavage les citoyens des villes conquises , les vendait ou les gardait elle-même en servitude. D'autres fois elle les amenait à Rome ; ils devenaient membres du peuple romain , et c'est même là , suivant l'opinion du savant Niéburh , l'origine de ces familles plébéiennes qui jetèrent tant d'éclat et luttèrent contre le patriciat dans les beaux temps de la république (1).

Les villes conquises étant ainsi dépeuplées que devenaient-elles? Rome y envoyait ses citoyens pauvres ; ils allaient s'établir en colonies militaires ou agricoles dans ces villes qui devenaient ainsi romaines.

---

(1) Voyez Niéburh , *Histoire critique de la République romaine* , traduct. de **M.** de Golbéry. Voy. aussi l'*Histoire de la République romaine* , par **M.** Michelet.

Quelquefois les Romains, après avoir ravagé un pays et en avoir fait la conquête, allaient s'y établir. Là, des légions entières fondaient des villes qu'on n'élevait pas de suite au rang de colonies militaires : mais elles y parvenaient plus tard : telle paraît avoir été l'origine de la ville d'Aix.

Le gouvernement des villes ainsi fondées fut d'abord tout militaire : il eût été difficile de se mainte_nir sans une pareille discipline, au milieu d'un pays encore hostile.

Quand Rome devint plus puissante, elle laissa aux villes vaincues leurs anciens habitans, leur gouvernement, leur culte, leurs magistrats. La ville de Cère nous fournit le premier exemple de ce nouveau procédé diplomatique des Romains. On comprend, de plus, qu'à mesure que le lien d'unité se resserrait entre Rome et les provinces conquises, l'administration des cités de province dut se modifier, et, comme la population, devenir de plus en plus romaine.

Quelle qu'ait été d'abord la différence qui a régné entre tel municipe et tel autre municipe, nous voyons disparaitre ces différences à mesure qu'on s'éloigne de l'origine, et elles s'effacent dans la grande et magnifique unité du monde romain. Toutefois, je ne prétends dire rien d'absolu. Je ne prétends pas que toutes les différences aient disparu ; je veux parler seulement des différences saillantes, en sorte qu'on peut dire, sans trop manquer d'exactitude, qu'il y avait unité, homogénéité.

Sous Constantin, Rome se trouvait la capitale d'un

Empire immense qui s'étendait depuis le Tigre et l'Euphrate jusqu'à l'Océan atlantique ; il était borné au nord par les montagnes de la Thrace, les rives septentrionales du Pont-Euxin, les Alpes tyroliennes ; il comprenait toute la partie de la Grande-Bretagne qui est au sud des monts de la Calédonie, la Gaule, l'Espagne, tous les rivages de la Méditerranée ; en sorte que le monde civilisé d'alors n'était autre que l'Empire romain ; et c'était à ce point que ce qui forme aujourd'hui une grande nation, la Gaule, l'Espagne, l'Egypte, n'en était qu'une province.

Le régime municipal romain était établi dans les cités des pays conquis ; mais il ne suffisait pas, tant s'en faut, à tous les besoins administratifs ; et cela se conçoit, le gouvernement municipal n'agit de sa nature que d'une manière partielle, isolée. Il fallait relier entre elles toutes ces cités. Réunir ces élémens épars fut ce qu'essaya la centralisation impériale. Elle employa, pour cela faire, des agens hiérarchiquement constitués qu'elle répandit dans tout l'Empire ; les uns chargés du gouvernement des provinces ; presque tous, comme intermédiaires, entre les municipes et l'empereur, pour porter aux pieds du trône impérial les besoins et les plaintes des cités, ou bien pour surveiller sur quelques points (ce qui était rare pourtant) l'administration impériale.

Quand donc les Romains eurent complété la conquête des Gaules, ils cherchèrent à régulariser l'administration du pays conquis, surtout celle de certaines villes de prédilection où ils importèrent en entier leur régime municipal. Toutefois, même dans ces cités, ils ne le substituèrent pas d'une manière radicale au gouvernement qu'ils y trouvèrent établi ; ils ne le firent pénétrer qu'avec précaution et lenteur. Dans d'autres cités des Gaules, ils tentèrent d'enter leur système municipal sur l'ordre politique qu'ils y trouvèrent établi ; car les cités gauloises avaient une organisation que les historiens romains nous vantent comme assez perfectionnée, bien qu'ils ne nous donnent aucun détail positif à cet égard. Mais, à mesure que la population gauloise devenait plus romaine, le régime municipal romain s'y enracinait davantage. S'il y a des différences entre la constitution d'un municipe et celle d'un autre municipe, elles s'expliquent par ces diverses origines. Mais aux IVe et Ve siècles, elles sont toutes de détail, et ne détruisent pas, je le répète, l'homogénéité de l'administration impériale.

Quoi qu'il en soit de cette diversité peu importante, selon moi, il y a une multitude d'aperçus généraux à faire sur le régime municipal romain introduit dans les Gaules, et surtout dans la partie méridionale des Gaules où il poussa des racines plus profondes. Or, je n'ai besoin ici que de généralités, elles me suffisent pour comprendre l'esprit de cette organisation.

J'aborderai, dans un moment, le système provincial des Romains. Avant, je vais essayer d'entrer dans la commune romaine et d'analyser les élémens de l'institution.

Quand les Romains organisèrent leur conquête dans les Gaules, par le nom de cité ou municipe, ils ne désignaient pas seulement la ville, ses faubourgs, ils comprenaient encore une banlieue très-étendue, tout le *pagus*, mot que je traduirai volontiers par celui de district.

Dans chaque municipe romain il y avait un sénat qu'on appelait plus vulgairement *Curie*. On nommait les membres de ce sénat *Décurions* ou *Curiales*.

La curie se recrutait, 1° par l'élection ; 2° par l'origine ; 3° par la désignation.

1° Par l'élection ; mais non une élection populaire, car c'était la curie qui choisissait elle-même les membres qui devaient entrer dans son sein ; pour la curie, l'élection était analogue à ce qui se passe aujourd'hui dans certaines sociétés savantes, à l'Institut de France, par exemple ;

2° Par l'origine ; la qualité de décurion était héréditaire ;

3° Par la désignation, ceux qui payaient un certain cens étaient désignés d'avance comme devant faire partie de la curie.

La curie avait plusieurs fonctions.

Elle était le pouvoir délibérant du municipe ; elle administrait son revenu public ; elle statuait sur la vente et les achats des biens appartenant au municipe ; sur les édifices publics à établir, tels qu'un théâtre, un cirque, un aquéduc, et sur les moyens de pourvoir aux frais de construction.

C'était la curie qui représentait la province auprès de l'empereur, en ce sens qu'elle nommait un député pour défendre les intérêts de la cité dans ses conseils. Quelquefois les divers membres nommés par les curies des villes municipales se réunissaient en assemblées provinciales pour délibérer sur les besoins communs et donner des renseignemens à l'empereur ou à ses agens.

D'autres attributions étaient encore affectées à la curie.

C'était elle qui choisissait les membres du pouvoir exécutif du municipe ; elle était aussi chargée par l'empereur de la levée des impôts à la charge du municipe, et cela sous la responsabilité personnelle des décurions, dont les biens servaient de gage à l'Etat : ces biens étaient saisis, si le contingent affecté au municipe n'était pas dans les caisses publiques à un moment donné.

Les curiales répondaient de leur administration ; ils devaient veiller aux intérêts de la ville ; et, en cas d'insuffisance de revenu de la part de cette dernière, ils devaient y pourvoir avec leurs propres fortunes.

Etre décurion, c'était donc avoir des droits politiques

que ne compensaient pas, tant s'en faut, les charges bien lourdes affectées à cette fonction.

J'ai dit que les décurions prenaient dans leur sein les principaux membres du pouvoir exécutif de la commune : ils les nommaient par élection.

1° Les deux premiers magistrats élus par eux étaient les duumvirs que, dans le désir d'imiter Rome, les habitans des cités municipales appelaient quelquefois consuls. Ils représentaient la cité quand elle paraissait en justice, soit en demandant, soit en défendant. Ils exerçaient ses actions, stipulaient ou s'obligeaient en son nom ; ils jugeaient certaines actions en justice : la durée de leur charge était de deux ans.

Ils avaient aussi des attributions civiles : c'était en leur présence qu'on insinuait aux testamens , aux contrats de vente , donations , etc. Quand la fortune d'un mineur était d'une faible importance , ils étaient appelés à lui donner un tuteur. « Hoc jure utimur, » dit la loi romaine , ut Romæ quidem præfectus urbi, » vel prætor secundùm suam jurisdictionem ; in pro- » vinciis autem præsides ex inquisitione tutores crea- » rent, vel magistratus jussu præsidum si non sint » magnæ pupilii facultates (1). Le mot *magistratus* signifie ici un magistrat municipal.

---

(1) *Institutes de Justinien*, liv. Ier , titre XV , § 4 , et sur ce paragraphe, voyez les explications historiques qu'ont données Vinnius, M. Ducaurroy (*Institutes expliquées*), et M. Ortolan (*Explication historique des Tustitules*).

2º Les principaux (*principales*) : ils formaient le conseil exécutif de la commune ; étaient chargés de certaines fonctions administratives et de police, telle que la répartition de l'impôt; ils en faisaient aussi la recette. Souvent on leur confiait le recensement de la population.

. 3º Les curateurs de la cité : ils prenaient soin du domaine de la curie, remplissaient les fonctions de voyers, et veillaient à l'abondance et à la régularité des approvisionnemens. Comme on le voit, leurs attributions avaient sur certains points de l'analogie avec celles de nos commissaires de police.

Enfin, en dehors de la curie, il y avait un magistrat dont les fonctions étaient quelquefois judiciaires, quelquefois de protection : c'était le *defensor civitatis*, Il maintenait la tranquillité dans la banlieue des villes, protégeait la vie et les intérêts des citoyens, parlait en faveur des opprimés contre la tyrannie des empereurs et l'avidité fiscale des magistrats municipaux. Les fonctions de ce magistrat étaient, comme on le voit, éminemment morales et humaines. Ce fut aussi aux évêques que cette magistrature fut souvent déférée, quand le christianisme eut pris consistance dans l'empire. Et il faut le dire à leur éloge, ce tribunat sacré fut rempli par eux, dans le midi de la Gaule surtout, avec zèle, énergie et sainteté; tandis qu'on verra plus tard, dans le nord de la France, les évêques se montrer les ennemis de l'élan démocratique, les tyrans des villes où était établi un siége épiscopal, et rivaliser d'orgueil et de convoitise avec les barons féodaux.

Voilà, en peu de mots, la constitution du municipe romain dans l'Empire (1).

» Mais, à côté des magistrats municipaux et des
» ordres de la curie, dit M. Raynouard, s'élevait le
» pouvoir rival des agens du gouvernement ; les pré-
» fets eurent des attributions spéciales, qui, par rap-
» port aux magistrats municipaux, étaient bornés à
» une surveillance générale, à présider quelquefois
» des assemblées électorales et à l'approbation de quel-
» ques-uns des choix qu'elles faisaient. Une loi ro-
» maine nous apprend qu'autrefois les villes nommaient
» les préfets ; quelquefois on les appelle comtes, et
» Charlemagne même appela ses comtes du nom de
» préfets. Mais ni les comtes, ni les préfets, durant
» l'époque de la domination romaine, ne se mêlèrent
» de l'administration de la cité ; jamais ils n'assisté-
» rent aux actes municipaux qui étaient de la seule
» compétence des magistrats choisis par la curie ou
» par l'universalité des habitans (2).

---

(1) Roth, *De re municipali in imperio romano.*

(2) Raynouard, *Histoire du Droit municipal en France
sous les trois dynasties.*

Ceci nous conduit à dire un mot du système provincial des Romains, surtout en ce qui a trait à la province des Gaules.

L'empereur Dioclétien avait compris la nécessité d'un vaste système de centralisation ; mais il s'aperçut, en mettant la main à l'œuvre, qu'il opérait sur un empire trop étendu, qui n'était que l'aggrégation d'une multitude de peuples d'origine et de mœurs diverses. Pour exercer la puissance impériale avec ordre, il fallait faire des divisions et des sous-divisions de territoire, en un mot, créer un système provincial plus régulier ; il le fallait aussi pour n'être pas obligé de confier l'administration des provinces aux chefs de légion : c'était, en effet, le seul moyen d'empêcher que l'anarchie militaire ne débordât la puissance civile.

Constantin reprit l'œuvre de Dioclétien et opéra la translation de l'Empire à Byzance. Il fit là une grande faute, car il dépaysa le génie romain, si je puis m'exprimer ainsi. Là fut véritablement le mal ; mais ce ne fut pas comme on l'a trop répété, dans la division du monde romain en deux Empires, division qui eut lieu sous Valens et fut consommée après la mort de Théodose-le-Grand ; car cette division était devenue nécessaire par la grandeur de l'Empire et la nécessité de repousser les Barbares qui s'avançaient sur plusieurs points à la fois.

Ainsi donc, le monde romain fut divisé en deux Empires, l'Empire d'Orient et l'Empire d'Occident.

Chacun des deux Empires fut divisé en préfectures,

les préfectures en diocèses et les diocèses en cités (1).

Les deux préfectures de l'Empire d'Occident portèrent le nom, l'une de Gaule, l'autre d'Italie, nom qu'elles tenaient de leur principale contrée. La préfecture des Gaules fut divisée en trois diocèses, l'un formé par l'Espagne et la partie de l'Afrique qui avait pour capitale Tanger ; le second comprenait les Gaules, le troisième la Bretagne.

La division provinciale des Gaules ne fut pas toujours la même. César, dans ses Commentaires, y distingue trois parties : la Gaule Belgique au nord, la Gaule Aquitanique au sud ; et la Gaule Celtique au centre. Auguste et ses successeurs divisèrent différemment. Enfin, sous Honorius, on distinguait sept provinces principales :

1. La Viennoise ; 2. l'Aquitanique première ; 3. l'Aquitanique deuxième ; 4. la Novempopulanie ; 5. la Narbonnaise première ; 6. la Narbonnaise deuxième ; 7. les Alpes-Maritimes ; 8. la Belgique.

A la tête de chacune des grandes préfectures était un préfet du prétoire, chef de l'administration civile ; à la tête du diocèse était un préfet ; à la tête de la province, un président ; et les cités, comme je l'ai fait connaître plus haut, étaient gouvernées par la curie, les duumvirs et les autres magistrats municipaux.

---

(1) Voyez Desmichels, *Précis de l'Histoire du moyen-âge.*

Voilà la division administrative de l'Empire (1).

L'artifice de cette centralisation savante n'était pas un signe de force, il marquait plutôt que les ressorts de la vie sociale s'usaient dans le sein de l'Empire. En même temps que le colosse romain allait s'affaiblissant dans l'intérieur, on voyait se multiplier avec une effroyable progression les invasions des Barbares du Nord. Ils guerroyaient depuis long-temps sur les confins de l'Empire. On fit avec eux une foule de traités. Quelques-uns entraient en mercenaires dans les légions romaines, puis ils désertaient et allaient porter à leurs compagnons des nouvelles de cette pompeuse et luxuriante civilisation de l'Occident et du Midi ; ils leur décrivaient les merveilles des arts et de la civilisation, les villes, les voies romaines, les aquéducs, les bains, les cirques, les théâtres ; ils les stimulaient par l'appât du butin, et leur inculquaient le désir d'aller vivre dans ces pays qui produisaient des vins, des fruits délicieux, où les frimats étaient rares et le ciel presque toujours pur. Et les Barbares fondaient

---

(1) *Histoire du Droit municipal en France sous la domination romaine et sous les trois dynasties*, par M. Raynouard, tome I.

sur le territoire de l'Empire d'une manière plus régulière; car maintenant ils avaient le secret de la discipline et de la tactique romaines, et avec cela une énergie bien autrement grande que celle des Romains déchus.

Le gouvernement impérial, dans l'impuissance, ne donna plus alors d'attention aux provinces que pour les pressurer.

Entre toutes les causes de ruine de l'Empire, il faut considérer le régime municipal comme une des plus actives.

Au premier abord, ce régime semblait contenir les germes de la liberté; mais cette liberté n'était que dans la forme; au fonds, il n'était qu'un instrument de despotisme qui abâtardit toutes les conditions sociales et agit comme un dissolvant énergique sur cette vieille société déjà atteinte de tant d'autres maladies.

Pour nous en convaincre, entrons plus avant dans cette organisation municipale; nous ne l'avons examinée jusqu'ici que sous le rapport des droits et des avantages politiques accordés aux décurions, et des attributions actives des magistrats ; examinons les charges.

Dans ses *Essais sur l'Histoire de France*, M. Guizot les a appréciées et résumées d'une manière nette et précise, Je ne saurais mieux faire que de le citer. Après avoir fait ressortir la liberté apparente de l'institution, voici comment il s'exprime :

» Qui ne croirait, à l'aspect de tels droits, recon-
» naître une petite république où la vie municipale et
» la vie politique sont confondues, où prévaut le ré-

» gime le plus démocratique ? Qui penserait qu'un
» municipe ainsi réglé fait partie d'un grand Empire,
» et tient par des liens étroits et nécessaires à un pou-
» voir central éloigné et souverain ? Qui ne s'atten-
» drait, au contraire, à trouver là tous les éclats de
» la liberté, toutes les brigues, toutes les agitations
» et souvent tous les désordres, toutes les violences
» qui, à toutes les époques caractérisent les petites
» sociétés ainsi renfermées et gouvernées dans leurs
» murs.

» Il n'en est rien, et tous ces principes sont sans
» vie; en voici d'autres qui les frappent à mort :

» 1° Tels sont les effets et les exigences du despo-
» tisme central, que la qualité de curiale n'est pas un
» droit reconnu à tous ceux qui sont capables de l'exer-
» cer, mais un fardeau imposé à tous ceux qui peu-
» vent le porter. D'une part, le gouvernement s'est
» déchargé du soin de pourvoir aux services publics
» qui ne touchent pas son propre intérêt, et l'a rejeté
» sur cette classe de citoyens. D'autre part, il les em-
» ploie à percevoir les impôts qui lui sont destinés et
» les rend responsables du recouvrement. Il ruine les
» curiales pour solder ses fonctionnaires et ses soldats.
» Il accorde à ses fonctionnaires et à ses soldats tous
» les avantages du privilége pour qu'ils lui servent à em-
» pêcher les curiales de se soustraire à la ruine. Complè-
» tement nuls comme citoyens, les curiales ne vivent
» que pour être exploités et détruits comme bourgeois.

» 2° Tous les magistrats électifs des curies ne sont
» au fait que les agens gratuits du despotisme, au pro-

» fit duquel ils dépouillent leurs concitoyens, en at-
» tendant qu'ils puissent, d'une manière ou d'autre,
» se soustraire à cette dure obligation.

» 3° Leur élection même est sans valeur, car le dé-
» légué impérial dans la province peut l'annuler, et ils
» ont le plus grand intérêt à obtenir de lui cette faveur,
» par là encore ils sont dans sa main.

» 4° Leur autorité n'est point réelle, car elle n'a
» point de sanction. Nulle juridiction effective ne leur
» est accordée ; ils ne font rien qui ne puisse être an-
» nulé. Il y a plus, comme le despotisme s'aperçoit
» chaque jour plus clairement de leur mauvaise vo-
» lonté ou de leur impuissance, chaque jour il pénè-
» tre plus avant lui-même et par ses délégués directs
» dans le domaine de leurs attributions. Les affaires
» de la curie s'évanouissent successivement avec ses
» pouvoirs, et un temps viendra où le régime muni-
» cipal pourra être aboli d'un seul coup dans l'Empire
» encore subsistant, *parce que*, dira le législateur, *toutes*
» *ces lois errent en quelque sorte, vainement et sans*
» *objet, autour du sol légal.* » (1)

Ainsi donc, sous les apparences de la liberté, ce
système n'avait été en réalité qu'un instrument de
despotisme, et quand le despotisme fut définitivement
établi, il devint un embarras. L'Empire romain d'Occident succomba sous les coups de l'invasion barbare.
Mais l'Empire romain d'Orient subsista encore jusqu'à

______

(1) Guizot, *Essais sur l'Histoire de France.*

la fin du moyen-âge, avec le droit civil de Rome et quelques-unes des traditions romaines; il avait aussi conservé le régime municipal romain; mais cette institution était devenue un rouage inutile pour l'action du despotisme administratif de l'Empire byzantin.

Aussi ce régime ne tarda pas à y être supprimé, et cela sans résistance et comme une institution dont l'inutilité est bien constatée; il ne fut regretté ni des peuples, ni de l'empereur. La constitution de Léon le philosophe, qui l'abolit, est un témoignage officiel, authentique, du peu de cas qu'on en faisait.

» Quemadmodum, dit cet empereur dans sa No-
» velle 46, ut quæcumque aliæ res in communis vitæ
» usum assumantur, ipsarum commoditas facit et quæ
» utilitatem aliquam adferunt magnificamus : quæ verò
» ad nihil conducunt contemnimus : sic omninò et ad
» legatium capitum compositionem nos accomodari
» oportebit et quarum usus aliquis sit, qui bono quo-
» piam rempublicam fiet, hæ necessariæ et ferantur
» et honorentur : quarum verò usurpatio haut nullius
» momenti, haut mala sit, harum non modò non ra-
» tio habeatur, sed etiam è legum corpore exempta
» rejiciantur. Hæc idcircò diximus quod inter veteres
» de decurionibus et curiis totas leges quædam gravia
» intolerabiliaque de curionibus quopiam munera in-
» junxerint : curriis autem privilegium et quosdam
» magistratus constituerint, suàque auctoritate civita-
» tes gubernarent præbuerint. Quæ nunc eo quod res
» civiles in alium statum transformatæ sint, omniaque
» ab unâ imperatore majestatis sollicitudine atque ad-

» ministratione pendeant , tanquàm incassum circà
» legale solum aberrent nostro decreto illinc submo-
» ventur. » (1)

Dans l'Occident, le régime municipal romain survécut à la ruine de l'Empire.

D'après ce qui a été dit ci-dessus, on a vu que les
empereurs romains avaient étouffé tous les germes
bienfaisans qui étaient contenus dans les institutions
municipales en les faisant servir à leur avidité fiscale.
Quant aux biens appartenant à cette classe moyenne
où se recrutaient les décurions, ils n'en avaient cure.
Aussi le temps vint où les institutions municipales
fonctionnèrent de la manière la plus déplorable. Or,
ce temps fut précisément le même où l'Empire était
ouvert aux invasions de tous les Barbares. Dans ces
conjonctures, il ne faut pas s'étonner si les municipes ne furent d'aucun secours à Rome ; car si, à certains égards, les institutions provinciales et municipales étaient, malgré leur monstrueux défaut, un
moyen savant d'ordre et d'administration ; il ne devait
plus y avoir entre elles de relations, dès que les ressorts du système de la centralisation impériale viendraient à se relâcher, partant, plus d'unité, plus de
défense possible , et ce fut ainsi que les Barbares
finirent d'envahir l'Empire.

---

(1) Voyez l'*Histoire de la Décadence de l'Empire romain*, par Gibbon ; *Etudes historiques* de M. de Château-
briand ; Roth, *De re municipali in imperio romano*.

Mais dans le choc de l'invasion, la civilisation romaine ne périt pas entièrement. La langue romaine fut beaucoup parlée et long-temps; elle resta la langue de l'Eglise, des sciences et des affaires. Le droit romain ne cessa pas de régir une partie de la population, comme l'a très-bien démontré un savant allemand, M. de Savigny (1). Enfin, comme je l'ai déjà dit, les institutions municipales ne périrent pas, et si elles disparurent dans presque toutes les cités du nord de la Gaule, elles se conservèrent vivaces dans le midi pendant tout le moyen-âge et jusques dans les temps modernes.

Je m'explique facilement cette différence entre le nord et le midi.

Les invasions y furent beaucoup moins vives que dans le nord; les Barbares y formèrent des établissemens moins fixes. La nation qui y prédomina surtout fut celle des Goths. Or, de tous les hommes du nord, ils étaient certainement les moins destructeurs de la civilisation romaine; on peut dire même qu'ils se laissaient plutôt subjuguer par les vaincus qu'ils ne les subjuguaient. Ils n'essayèrent pas de dominer les villes; ils construisirent dans les campagnes des villa où ils s'établirent d'une manière permanente. Tandis que les Barbares Francs ou Normands allaient

------

(1) *Histoire du Droit romain pendant le moyen-âge*, par M. de Savigny. Voyez aussi l'*Histoire générale du moyen-âge*, par M. Desmichels.

toujours pillant, ravageant, ces derniers n'habitaient guère les villes, mais ils les saccageaient ; en sorte que lorsqu'ils eurent fini de guerroyer, le pays se trouva réduit par eux à un état de servage presque complet.

Ce qui prouve que le régime municipal était bon en lui-même, que c'était le despotisme impérial qui l'avait gâté, c'est qu'après que l'invasion se fut consolidée en Provence et en Languedoc, on vit fleurir les cités de ces provinces, et le régime municipal être pour elles une cause de prospérité, tandis que dans le nord, à l'exception des résidences royales, tout était pauvre et presque sans commerce, jusqu'au moment où les hommes des communes poussèrent les premiers cris de liberté.

La perpétuité du régime municipal romain dans notre histoire ne peut faire aucun doute. Charlemagne ne le détruisit pas. Quoique Germain par les mœurs et le caractère, il était admirateur profond de l'Empire romain et de ses institutions. Il s'entourait des membres du clergé des Gaules, lesquels étaient fort érudits dans les choses romaines, et qui très-certainement l'eussent dissuadé de détruire un ordre de choses très-savamment établi pour l'époque.

Quand le système féodal prévalut , il s'enracina moins dans le midi que dans le nord. Le régime municipal put donc coexister avec la féodalité. Elle lui porta toutefois une rude atteinte , car elle lui était fortement antipathique , et de plus , le changement de mœurs et de coutumes qui s'opérait insensiblement dans la société , dut influer et influa en effet sur l'organisation municipale elle-même. Elle ne fut pas détruite , mais le type primitif fut altéré.

Pour mon compte , je crois que si l'exemple des municipes du midi de la France n'a pas précisément déterminé , il a puissamment secondé , pendant le moyen-âge , l'affranchissement des communes du nord. Ainsi , par exemple , dans l'histoire de la commune de Vézelay , nous trouvons , au début de la révolution communale , un homme marquant , Hugues de Saint-Pierre : il vient du Midi , où il a pris', dit-on , des idées de gouvernement municipal , qu'il transporte du sol de la Provence sur les bords de la Loire. Puis il se met à la tête du gouvernement de la cité , et donne des idées pour sa constitution.

3

Quand j'ai dit, plus haut, que le régime municipal romain s'était moins conservé dans le nord que dans le midi, je n'ai pas voulu dire qu'il avait complètement disparu, il s'y conserva en effet sur quelques points, il se mêla même à la révolution communale du XIIe siècle. Ainsi, lors de l'insurrection des habitans de Rheims (1) contre leur évêque, nous voyons la ville réclamer des priviléges qui sont indubitablement d'origine romaine.

Le municipe romain s'efface, lui aussi, devant les progrès du pouvoir royal et de la centralisation. Mais ce ne fut qu'en 1789 que les derniers débris de ce régime disparurent avec ce pêle-mêle de despotisme, de franchises locales, d'usurpations judiciaires, d'aristocratie territoriale et industrielle. Les vestiges de cet état de choses étaient une des mille coutumes variées de l'ancienne France, et ne pouvaient subsister avec l'ordre social nouveau (2).

---

(1) Voyez *Histoire de la commune de Rheims*, par Anquetil.

(2) Je dis que le régime municipal romain laissa des traces jusqu'en 1789. Les preuves ne me manqueraient pas, si on contestait cette assertion. Entre autres choses, je citerai ce fait : les premiers magistrats d'Aix portaient le titre de consuls ; il y en avait deux en 1787 ou 88. M. Portalis l'ancien fut nommé à cette charge et prononça un discours remarquable lors de son instalation.

CHAPITRE II.

DE LA COMMUNE DU MOYEN-AGE

Le chapitre précédent a été consacré à un aperçu sur les municipes romains qui se produisirent surtout dans le midi des Gaules. Je dois maintenant faire le même travail sur les communes du moyen-âge qui se produisirent surtout dans le nord de la France. Leur histoire est plus vive, plus agitée, et partant, plus intéressante que celle des municipes du Midi. Pendant l'époque féodale, en effet, les municipes du Midi ne firent que se transformer lentement, tandis que nous voyons les communes du Nord se former, lutter avec les pouvoirs établis, et entrer en révolution, soit contre l'autorité royale, soit contre les possesseurs de grands fiefs, soit, le plus souvent, contre leurs seigneurs immédiats qui, la plupart du temps, étaient des abbés ou des évêques.

J'examinerai donc les communes du moyen-âge, 1° dans leur origine; 2° dans leur constitution intérieure; 3° je les comparerai aux municipes du Midi; 4° je les observerai dans leur décadence; 5° enfin, j'entrerai dans l'appréciation de notre système municipal au moyen-âge.

§ 1.

Après la consommation de la grande invasion barbare, c'est-à-dire vers la dernière période des temps mérovingiens. Les pays qui forment aujourd'hui la nation française se trouvaient partagés en deux vastes régions, d'origine, d'usages et de mœurs bien différens. C'était, d'une part, la France du Nord; de l'autre, la France du Midi; ensorte que la Loire, qui traverse le pays par le milieu et le coupe dans presque toute sa largeur, se trouvait être la ligne de démarcation qui séparait deux pays alors si divers par l'aspect de leur civilisation.

Au Nord prévalait l'influence de la civilisation germanique; au Midi, l'influence de la civilisation romaine avait été beaucoup moins altérée; ensorte qu'on peut dire qu'elle y prévalait.

Dans les villes du Midi régnait le régime municipal romain : il se transforma avec le temps, cela ne pouvait être autrement; mais il résista et survécut à la conquête. Le régime municipal romain avait bien aussi été établi dans les villes du Nord, mais il n'y avait pas pris autant de racines; et d'un autre côté, l'invasion fut plus destructive au Nord qu'au Midi ; elle détruisit le régime municipal presque complètement : je dis presque, parce que, comme je l'ai déjà fait observer, il s'en conserva quelques vestiges. Ces observations, ne sont, du reste, que la répétition de ce que j'ai dit plus amplement dans le chapitre précédent.

C'était surtout dans les villes du Midi que régnaient les arts, le commerce et l'industrie. A cette époque, les villes du Nord leur étaient bien inférieures; cependant le commerce et l'industrie y firent aussi des progrès : c'était là qu'on forgeait les armes des seigneurs féodaux, qu'on fabriquait les tissus, des objets de luxe et même de nécessité. Là était l'entrepôt des denrées étrangères, rares, mais recherchées ; là était aussi le rendez-vous des marchands de tous les pays ; c'était là aussi que s'échangeaient les produits agricoles des campagnes contre les objets manufacturés des villes : leur richesse s'accrut rapidement. Elles avaient une influence réelle ; mais cette influence ne se traduisait dans la société par aucune faculté politique ; il n'y avait pas pour elle de droits acquis, et c'est pour cela même qu'elle firent des révolutions. L'industrie et le commerce ne fleurissent pas long-temps sans quelques libertés, sans quelques garanties d'ordre, de prospérité et de conservation. Or, c'est là ce qui faisait défaut dans ces temps où la force prévalait contre le droit. La société manquait essentiellement de garanties ; la richesse et les personnes étaient à tout moment sur le point de devenir la proie du pillage et de la conquête. Ceux qui ont pour eux la force, qui peuvent tout impunément, et ne sont retenus par aucun frein moral, en abusent : aussi voyons-nous les hauts et petits barons du moyen-âge, et même un certain roi de France, piller sur les routes, rançonner les paysans et les marchands. Lorsqu'un d'entre eux entre sur les terres de son ennemi, il y porte la dévastation et le pillage. Outre ces guerres, les bourgeois des villes avaient encore à endurer, et les exactions de leurs seigneurs immédiats, et la fiscalité du roi et des autres seigneurs suzerains.

Parmi tous ces petits tyrans des villes, j'aperçois d'abord les évêques. Dès que le régime féodal eut pris racine, surtout dans le Nord de la France, les siéges épiscopaux furent occupés par des hommes de famille noble qui étaient loin d'être les *defensores civitatum*, comme avaient été, pendant l'Empire romain, les évêques du Midi : ils n'avaient ni les lumières ni l'esprit ecclésiastique de ces derniers, bien loin de là, ils portaient dans l'épiscopat, les mœurs guerrières, turbulentes et désordonnées des barons féodaux.

Plusieurs villes nouvelles, plusieurs bourgs nouveaux, s'étaient formés, soit autour du château féodal, soit autour d'une abbaye. Les seigneurs et les abbés, pour attirer la population dans ces localités, accordaient des franchises aux habitans, et là venaient du voisinage les marchands colporteurs, les serfs, les ouvriers, sur la foi des chartes octroyées, jouir d'une liberté qu'ils ne trouvaient pas ailleurs. La prospérité de ces nouveaux bourgs s'accrut rapidement.

Mais, avec le temps, les seigneurs ou abbés cherchèrent à établir de nouvelles charges, ou à abolir les priviléges qu'ils avaient concédés. En sens inverse, les bourgeois résistèrent et cherchèrent même à conquérir de nouveaux priviléges, ce qui produisit des réactions et des luttes sanglantes dont les résultats furent parfois la ruine, parfois un affranchissement complet de la cité. Cet affranchissement valait, du reste, la peine d'être conquis. Ce n'était pas comme dans le municipe romain, la chimère de quelques droits politiques plus apparens que réels. C'était la liberté d'aller et de venir, le droit de se défendre, car le peuple des villes, bien qu'il ne fût pas autant soumis au servage que celui des campagnes, était parfois horriblement pressuré. On l'assujétissait à une foule de monopoles, et cela dans l'intérêt pur et simple du seigneur. Voulait-il, par exemple, cuire son pain? il ne pouvait pas le faire au meilleur marché possible, car il était obligé d'aller au four du seigneur et de payer une taxe qui excédait de beaucoup le prix réel. Il en était de même quand le paysan allait dans sa ville pour y vendre son grain. C'était des droits d'entrée et de place, et des droits de péage sur les routes. Quelquefois les bourgeois de certaines villes étaient obligés de fournir à l'évêque, ou à l'abbé, ou à tout autre seigneur, de certaines denrées pour l'entretien de sa maison pendant sa résidence dans la ville.

Voilà l'origine de certaines villes, et de presque toutes les villes nouvelles, il y eut aussi des villes anciennes qui prirent part au mouvement communal.

Quelle est donc l'origine des communes ?

Les uns prétendent et disent d'une manière générale que les communes ne remontent pas plus haut que le douzième siècle.

D'autres disent que nos rois voulant former un contre-poids à la puissance des seigneurs féodaux , provoquèrent la révolution communale et concédèrent des chartes d'affranchissement aux villes. Ce dernier système a même été adopté par l'auteur royal de la charte de 1814. Il est dit , en effet , dans le préambule de cette charte , à propos de la liberté que le roi prétend octroyer aux Français. « C'est ainsi que les communes » ont été affranchies par Louis-le-Gros. »

Ce second système est la conséquence du premier , mais le premier système est indépendant du second. On peut dire qu'ils sont tous deux exclusifs et qu'ils ne sont pas conformes à l'histoire de ces temps là.

Et d'abord , les partisans du premier système , ceux qui prétendent d'une manière générale que les communes n'ont été affranchies qu'au douzième siècle , méconnaissent complètement une des parties principales de l'histoire de notre droit municipal. Je veux dire l'histoire des municipes romains. On ne comprend guère comment la perpétuité de ce régime a pu leur échapper.

Leur système serait tout au plus plausible au premier aspect pour les communes du nord de la France au moyen-âge, mais en l'envisageant, même sous ce dernier point de vue, il n'est pas soutenable.

Je ne saurais trop le répéter, la grande révolution communale du douzième siècle date de bien plus haut. Les preuves de cette assertion abondent, et je n'ai guère que l'embarras du choix.

Qu'on prenne par exemple, l'histoire de la commune du Mans, on verra que sa révolution communale date de 1066, et cette révolution semble avoir pour objet la confirmation de franchises antérieures.

La révolution de Cambrai date de 1076, c'est à cette époque qu'elle éclate réellement, mais elle était depuis bien long-temps dans l'esprit des habitants; et j'en ai pour preuve ce que dit d'eux un chroniqueur contemporain (Balderic), « *Cives in unum conspirantes* » *diù desideratam conjurarunt communiam.* »

Mais voici encore une autre remarque qui prouve que la révolution communale date de plus haut que le douzième siècle, bien toutefois que ce soit à cette époque qu'elle se manifeste dans toute sa vivacité.

Dans les chartes des communes et dans les chroniqueurs contemporains eux-mêmes, nous entendons souvent parler de jurés, d'échevins et autres magistrats de la commune, non comme d'une chose nouvelle, mais comme d'une institution déjà ancienne, ce qui prouve bien que certaines libertés municipales préexistaient à la grande révolution communale du douzième siècle.

Reste à répondre à ceux qui prétendent avec quelques historiens, avec le roi Louis XVIII lui-même, que le pouvoir royal a été l'auteur du grand affranchissement communal du douzième siècle, cette opinion consiste en d'autres termes, à soutenir que c'est à cette époque que les rois accordèrent systématiquement des chartes aux communes.

Je répondrai avec les érudits de l'école moderne qu'il faut bien se garder d'assimiler le grand affranchissement du douzième siècle à une mesure administrative ; que c'était bien autre chose que cela, qu'il y avait là un fait social d'une immense portée, que les rois d'alors n'étaient pas assez puissants pour consommer à eux seuls et *proprio motu*.

Et en effet, leur puissance réelle, effective ne

s'étendait guère qu'entre la Somme et la Loire, ils n'étaient que suzerains féodaux du reste du pays. On sait, pour peu qu'on ait lu l'histoire, ce que valait cette suzeraineté. C'était une puissance bien plus nominale que réelle ; ce n'est guère que sous Philippe Auguste et saint Louis que l'usage de leur suzeraineté put donner aux rois quelque influence. Avant, ils n'étaient, encore un coup, que le premier des grands feudataires, et je puis dire, en employant l'expression de Montesquieu, que je trouve du reste d'une concision et d'une justesse admirable, que *la couronne fut unie à un grand fief*. Fief suzerain à l'envisager sous son rapport purement féodal, mais qui ne conférait à son possesseur qu'un droit faible, qui ne lui donnait pas une puissance complète sur toutes les provinces du royaume. Le roi ne pouvait donc affranchir que dans son domaine.

Cela étant bien établi, jetons les yeux sur l'histoire communale de cette époque et nous verrons que ce n'est pas seulement dans les villes du domaine royal qu'eut lieu la révolution communale, mais qu'elle se manifesta encore hors de ce domaine, et bien avant qu'il ne fût question de communes dans les provinces royales.

C'est ainsi que la commune du Mans dont j'ai parlé plus haut, s'affranchit pendant le règne de Philippe premier. Cette ville était située hors du domaine du roi, elle était sous la suzeraineté d'un de ses plus puissants vassaux, de Guillaume-le-Conquérant, duc de Normandie, qui certes n'était pas homme à souffrir que le roi s'ingérât dans les affaires intérieures de ses provinces.

Et non seulement les rois de France ne donnent pas toujours l'impulsion au mouvement communal , souvent même, il leur arrive de le contrarier , quand leur intérêt l'exige. Alors ils s'allient à l'oppresseur de la commune ; dans l'histoire de la commune de Laon , nous voyons Louis-le-Gros jouer ce rôle tant soit peu machiavélique , et cependant Louis-le-Gros est le roi qui a long-temps joui de la meilleure réputation de libéralisme dans notre histoire municipale.

Il est vrai, que littéralement, les rois qui ont régné pendant le douzième siècle ont octroyé grand nombre de chartes municipales , et que ces chartes portent un protocole dans lequel le roi dit en apposant son sceau : *Concessi*. Que signifiait ce mot ? Il signifiait que le roi était intervenu , rien de plus , rien de moins. D'un autre côté, quel était le mot qu'employaient les jurisconsultes et les historiens contemporains pour désigner ces chartes d'affranchissement? Ils les appelaient *paces*. Or , par là ils n'entendaient pas exprimer l'idée que nous voulons exprimer dans le langage ordinaire, quand nous nous servons du mot *paix*, c'est-à-dire, cette certitude où sont les membres d'une société de ne pas être troublés par une force anarchique ou guerrière. Mais, par le mot *paces*, les jurisconsultes du moyen-âge voulaient désigner l'ensemble des clauses d'un traité de paix , et, par un abus de mot assez usité dans la langue du droit, le texte même de ce traité. Mais on ne fait guère des traités qu'après la guerre, quand donc les communes se faisaient consentir des *paces* à leur avantage, elles ne faisaient évidemment que faire ratifier les résultats de leurs conquêtes, résultats qui n'étaient autre chose qu'une reconnaissance de droits politiques et sociaux. Comme il y avait un pouvoir supérieur à celui dont relevaient les seigneurs des communes, ces dernières trouvèrent une garantie à faire intervenir ce pouvoir supérieur qui se trouvait être ou le roi, ou le maître de la province.

Souvent aussi, il arrivait que le prince suzerain, ou le roi, trouvait la satisfaction de ses intérêts dans cet affranchissement. C'était 1° un intérêt d'argent, (je crois même que c'était celui qui les faisait le plus vivement agir), 2° un intérêt d'influence, car de cela même que les communes les appelaient à intervenir, elles reconnaissaient leur suprématie. Ce fut ainsi que les rois et les grands suzerains profitèrent des divisions entre les diverses classes de leurs sujets et se firent appeler à vider leurs différents. Un moment arriva où leur puissance s'accrut tellement qu'ils purent dominer et faire la loi aux parties qui les avaient pris pour arbitres.

Du reste, dans la marche de l'action révolutionnaire, nous voyons les divers pouvoirs hostiles, par leur nature, à la liberté et à l'égalité, s'allier à la commune, et, pour cette alliance, se mettre en guerre entr'eux. Ainsi, dans la révolution communale de la ville de Laon, que se passe-t-il ? c'est d'abord l'insurrection des bourgeois contre l'Evêque. Les bourgeois de Laon font alliance avec un puissant seigneur du voisinage , Thomas de Marle ; le roi intervient , et tout en accordant des franchises à la commune, il veut faire pencher la balance en faveur de l'Evêque. A Amiens , au contraire , c'est l'Evêque qui s'allie à la bourgeoisie et provoque *ad communiam*, à l'encontre d'un vidame et d'un seigneur châtelain. Ce même Thomas de Marle , que nous avons vu soutenir le mouvement révolutionnaire à Laon , nous le voyons, plus tard , s'efforcer de le comprimer à Saint-Quentin.

Ainsi , c'est partout désordres , irrégularités , incohérences. On s'aperçoit que la société manque d'idées générales en politique comme en toutes choses ; la société de cette époque, ne ressemble en rien à celle de nos jours. Ni dans le physique, ni dans le moral de notre état social on n'aperçoit pas des bigarrures aussi variées , des contrastes aussi multiples et aussi choquants. Les opinions politiques , les tendances sociales sont plus tranchées. Mais encore une fois , tel n'était pas le caractère de la France et de l'Europe du moyen-âge. Dans ce temps-là , le droit et la force se disputaient le monde. La force prédominait , mais toutefois elle ne pouvait prévaloir complètement , elle ne pouvait non plus s'harmoniser avec le droit. On était plus loin encore que de nos jours de l'accomplissement de ce grand problème social qui consiste dans la conciliation de ces deux éléments , le droit et la force , le droit comme pensée directrice , la force comme la réalisation matérielle de cette pensée.

Toutefois, dans ce cahos où fermente un pêle-mêle

d'éléments si divers, je vois poindre une puissance qui dominera les autres parce qu'elle seule agit avec quelque système, parce que seule elle a, dans ce temps là, le sentiment de l'unité et commence à se rendre compte de ce qu'elle fait. — C'est du pouvoir royal que je veux parler.

§ II.

DU PROGRÈS DE LA RÉVOLUTION COMMUNALE. — DE LA CONSTITUTION DE LA COMMUNE DU MOYEN-AGE.

Avant de parler de la constitution de la commune du moyen-âge, j'aurais à dire quelques mots sur la manière dont se propagea l'esprit révolutionnaire qui anima les nombreuses insurrections faites en vue d'un affrarchissement. Ces deux choses feront du reste l'objet de ce chapitre.

Sur ce sujet, il serait difficile et même impossible de faire un exposé qui fût complet, et qui, en même temps, eût de l'unité; car pour être complet, il faudrait entrer dans des détails d'une extrême longueur, et pour mettre de l'unité dans le sujet, il faudrait systématiser; or, vouloir systématiser, c'est s'exposer à être exclusif, et par suite, à voir les choses sous un faux jour.

Voici, ce me semble, d'où tout cela provient.

Les révolutions locales du douzième siècle, par cela même qu'elles sont locales, présentent un aspect infiniment varié qu'il est impossible de saisir d'un seul point de vue. Il faut bien remarquer que ce n'est pas le patriotisme national des Français de nos jours qui animait les bourgeois du moyen-âge; mais un patrio. tisme tout-à-fait borné, tout local. Et c'est pour cela que je disais avec raison qu'il est impossible d'être complet sur cette matière, sans entrer dans beaucoup de détails. Mais d'un autre côté, il faut aussi se garantir de la manie de trop faire des aperçus généraux en tirant des inductions trop générales de ce qui ne s'est réellement passé que dans une localité. Car je ne saurais trop le répéter, à cette époque la variété était infinie : il en existait dans le gouvernement des grands fiefs, dans le gouvernement des petits fiefs, dans les coutumes, dans la législation, dans les anciennes et dans les nouvelles constitutions municipales des villes.

Tout est donc partiel et local; toutefois, à l'aspect de cette variété, il ne faudrait pas croire à l'isolement complet de chaque commune dans sa révolution. Au

4.

douzième siècle, l'esprit d'insurrection nous apparaît se
répandant de ville en ville, comme une contagion.
Nous voyons les bannis d'une commune dont l'insurrection a été malheureuse s'en aller martyrs de leur
patriotisme, demander asile dans une autre ville,
raconter les malheurs de leur patrie, et par ces récits
produire les effets que produisaient chez nous les
Polonais et les Romagnols fugitifs. Comme les exilés
du dix-neuvième siècle, ceux du moyen-âge faisaient
aimer la cause opprimée. Et d'un autre côté, les
marchands colporteurs qui parcouraient le pays, ra-
contaient la prospérité d'une ville affranchie, ils
célébraient les avantages de la liberté et cette noble
prérogative de l'homme qui peut concourir au gouvernement de son pays. Ils parlaient de ces conseils d'é-
chevins auxquels étaient attachés des dignités, des
avantages et des honneurs égaux à ceux des hauts
barons. Ces récits enflammaient les imaginations, les
têtes s'échauffaient, l'oppression qu'on avait ressentie
jusques là devenait encore plus odieuse, on voulait
de nouveaux droits sociaux et politiques ; on voulait
faire revivre les anciens, et les révolutions se faisaient.
On apprenait que ceux de Cambrai étaient libres,
en quoi consistait cette liberté ; cela se disait. Les
relations n'étaient pas grandes, il en existait cependant, si bien qu'un chroniqueur, Guibert de Nogent,
qui restait à une certaine distance de Cambrai, nous
dit en parlant de cette commune : « *Quid de libertate*
» *hujus urbis dicam, non episcopus, non imperator*
» *taxationem in eâ facit, non tributum ab eâ exigitur*

» *nisi ob defensionem urbis.* » C'est ainsi que se pro-
pageait le mouvement communal, et c'est avec beau.
coup de raison que M. Augustin Thierry a pu écrire
ce qui suit : « Si l'on compare attentivement les révo-
» lutions municipales du moyen-âge aux révolutions
» constitutionnelles des temps modernes, on sera frappé
» de certaines ressemblances que ces deux mouvements
» présentent dans leur ensemble et dans leur marche.
» Si les réformes politiques du douzième siècle s'exé-
» cutent dans un bien plus petit cercle que celles du
» dix-huitième et du dix-neuvième, l'action, au moyen-
» âge, est plus vive et offre plus d'ensemble, parce que
» ceux qui y coopèrent sont gens de même état, n'ayant
» qu'un intérêt et qu'une idée. Sur le même espace de
» terre pour lequel une révolution suffit de nos jours,
» il en fallait des centaines au temps de l'établissement
» des communes. Il fallait que chaque ville se fit une
» destinée à part, et courût pour son propre compte
» les chances de l'insurrection. Au reste, dans ces ré-
» volutions municipales, et dans celles des grands états
» modernes, même variété de formes, même empire
» du hasard dans les circonstances accessoires, même
» désir de pousser la réforme jusqu'à son dernier terme,
» et même impuissance d'y parvenir. Sans aucun sou-
» venir de l'histoire Grecque et Romaine les bourgeois
» du douzième siècle, soit que leur ville fût sous la
» seigneurie d'un roi, ou d'un comte, ou d'un évêque,
» ou d'un abbé, allaient droit à la république ; mais
» la réaction des pouvoirs établis les ramenait bientôt
» en arrière. Du balancement de ces deux forces opposées

» résultait bientôt pour la ville une sorte de gouverne-
» ment mixte. »

. . . .

« Observez que dans cette comparaison du mouve-
» ment communal du douzième siècle et du mouvement
» constitutionnel de nos jours, j'ai spécialement en
» vue le caractère d'universalité de ces deux révolu-
» tions, la manière dont l'impulsion une fois donnée,
» chacune d'elle a marché vers son but, en gagnant de
» proche en proche. Je ne veux établir aucune équation
» forcée entre les idées qui, à de si grands intervalles
» de temps, ont été le principe de ces deux révolutions
» propagées d'un pays dans l'autre par une force irré-
» sistible. Le principe des communes du moyen-âge,
» l'enthousiasme qui fit braver à leurs fondateurs tous
» les dangers et toutes les misères, c'était bien celui
» de la liberté, mais d'une liberté toute matérielle,
» si l'on peut s'exprimer ainsi, la liberté d'aller et de
» venir, de vendre et d'acheter, d'être maitre chez
» soi, de laisser son bien à ses enfants. Dans ce pre-
» mier besoin d'indépendance qui agitait les hommes,
» au sortir du cahos où le monde romain avait été
» comme englouti depuis l'invasion des barbares,
» c'était la sûreté personnelle, la sécurité de tous les
» jours, la faculté d'acquérir et de conserver qui était
» le dernier but des efforts et des vœux. Les intelli-
» gences ne concevaient alors rien de plus élevé, rien
» de plus désirable dans la condition humaine, et l'on
» se dévouait pour obtenir à force de peines, ce qui
» dans l'Europe actuelle constitue la vie commune, ce

» que la simple police des états modernes accorde à
» toutes les classes de sujets , sans que pour cela il y
» ait besoin de chartes ou de constitutions libres. »

« Ainsi le mot de commune exprimait , il y a sept
» cents ans , un système de garanties analogue pour
» l'époque à ce qu'aujourd'hui nous comprenons sous
» le mot de constitution. Comme les constitutions de
» nos jours , les communes s'élevaient à la file , et les
» dernières en date imitaient de point en point l'orga-
» nisation des anciennes. De même que la constitution
» d'Espagne a servi de modèle à celle de Naples ou du
» Piémont , on voit la commune de Laon s'organiser
» sur le modèle de celles de Saint-Quentin et de Noyon,
» et ensuite la charte de Laon servir de modèle à celle
» de Crespy et de Mont-Didier. »

Voici qu'elle était à peu près l'organisation politique
des communes du nord de la France , je n'entre pas
dans les détails d'organisation diverses , je ne traite
que des points généraux et à peu près communs.

1° Dans la commune, il y avait une assemblée de
jurés qui avaient le pouvoir de voter des subsides , ils
exerçaient une certaine portion du pouvoir judiciaire.

2° Un conseil exécutif composé de membres appelés échevins (*Scapini.*)

3° Enfin à la tête du pouvoir exécutif de la commune était un major ou maire, quelquefois il y en avait plusieurs.

Il y avait aussi d'autres magistratures dans le sein de la commune, chaque corps de métiers avait ses doyens, lesquels avaient une certaine juridiction pour faire exécuter les règlements de police industrielle et commerciale, et réprimer les délits qui résultaient de la contravention à ces règlements.

Les priviléges et monopoles, fruits d'une organisation industrielle et commerciale, doivent leur origine, partie au municipe romain, partie au système municipal du moyen-âge. Plus tard elles furent introduites dans les villes d'administration royale, autrement dites de prévôté. C'est ainsi que les rois prenant aux diverses constitutions des communes ce qu'elles avaient de contraire à la liberté, et dédaignant le reste, se firent de ces priviléges industriels un moyen d'avoir de l'argent. Sous Louis XIV l'industrie fut réglementée d'une manière à peu près uniforme par Colbert. Connues sous le nom de jurandes et de maîtrises, ces institutions prohibitives tinrent bon contre les tentatives d'abolition de Turgot; la révolution put seule en venir à bout.

Du reste, voici sur les jurandes et les maîtrises que certaines personnes ont trop louées, que d'autres ont peut-être trop blâmées, une appréciation qui me paraît judicieuse; elle est d'un homme qu'on n'accusera certes pas d'être l'ennemi de la liberté et dont les affections démocratiques sont bien connues.

« Les jurandes furent abolies par la révolution , dit
» M. de Sismondi , et leur rétablissement n'est en
» général demandé que par les défenseurs des anciens
» préjugés et des anciens abus qui interdisent l'examen,
» et qui , dans les questions politiques aussi bien que
» religieuses , sont toujours prêts à dire : *placet quià*
» *absurdum*. Cependant l'influence de ces priviléges ,
» comme obstacle à la population et au développement
» accéléré de l'industrie , n'est pas si facile à juger.
» Ces institutions sont nées dans de petites républiques
» libres et marchandes , et dans des communautés affran-
» chies où les législateurs exerçaient eux-mêmes les
» professions soumises à ces lois. Ils étaient intéressés ,
» il est vrai , dans les monopoles qu'ils établissaient.
» Mais l'expérience d'hommes libres mérite toujours un
» examen sérieux que la législation de ministres
» étrangers aux affaires qu'ils prétendent régler. » (**1**)

C'est aussi aux communes du douzième siècle que nous devons l'origine des armées civiques qui furent d'abord les gardes bourgeoises , plus tard les compagnies franches , ou milices urbaines , et dont l'institution renouvelée et généralisée fut en 1789 la garde nationale.

(**1**) Sismondi (*Nouveaux principes d'économie politique*), c'est un livre bon à lire , surtout pour ceux qui veulent étudier l'économie politique dans ses rapports avec la législation et la politique. L'auteur qui vient de mourir , est le premier qui ait osé proclamer la nécessité de résoudre les terribles problèmes posés par Malthus.

§ III.

COMPARAISON DE LA COMMUNE DU MOYEN-AGE ET DU MUNICIPE ROMAIN

D'après ce que j'ai dit dans le chapitre et dans les paragraphes précédents ; il est facile de vóir que la commune du moyen-âge, dont l'institution s'est surtout développée dans le Nord de la France, diffère profondément du municipe romain qui a prévalu dans le Midi.

Ces deux régimes diffèrent surtout par trois points principaux :

1º Par l'origine ;

2º Par la constitution politique ;

3º Par l'économie sociale.

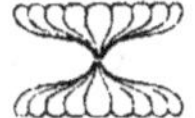

1° Et d'abord par l'origine. Qu'étaient, en effet, à leur origine, les municipes romains? C'était en général des colonies militaires; plus tard, des colonies militaires et marchandes, à qui Rome conféra son système d'organisation municipale. Quelques fois elles se le donnèrent elles-mêmes, à peu-près comme cela est arrivé dans les temps modernes pour les colonies Anglo-Américaines. On peut dire, en effet, que les premiers colons qui s'établirent dans les pays qui forment aujourd'hui la république des États-Unis, y importèrent un régime municipal presqu'en tout semblable à celui de la vieille Angleterre. Ils se livraient, en général, au commerce et surtout à un commerce maritime; ils s'adonnaient aussi à l'agriculture et ils exploitaient la terre par la méthode de la grande culture. De même les colons romains importaient dans les nouvelles colonies qu'ils fondaient le régime municipal de la métropole. Ils faisaient, quand leur position le leur permettait, le commerce de mer, et dans la banlieue des villes; plus tard, sur une plus vaste étendue de pays, ils s'engageaient dans les spéculations d'une agriculture savante.

Au contraire, les communes du moyen-âge se formèrent d'abord à l'ombre de l'abbaye ou du château féodal ; et les villes qui, sans avoir cette origine, s'érigèrent en communes, se trouvaient sous la puissance d'un évêque ou d'un seigneur qui les pressurait horriblement. Le peuple de ces villes était formé d'ouvriers, de colporteurs, de petits marchands qui plus tard devinrent de riches négociants, mais qui étaient loin d'être dans cette position à l'origine de la commune.

Ainsi, l'origine du municipe romain a quelque chose de plus grand, de plus noble, de plus accompli que l'origine de la commune du moyen-âge. Cependant cette dernière nous montre, à son commencement, quelque chose de plus animé, je ne sais quoi, de plus vivace. C'est que, le municipe romain appartient à une civilisation vieille, tandis que la commune du moyen-âge est le premier élan démocratique d'une société qui est en travail de perfectionnement.

2° Sous le rapport de la constitution politique la commune du moyen-âge diffère encore du municipe romain. Dans ce dernier système, nous voyons un sé-

nat héréditaire , ou qui se recrute par lui-même , et
à son tour, ce sénat nomme tous les magistrats municipaux , tandis que, dans la commune du moyen-âge,
l'élection des jurés et des échevins est populaire ainsi
que celle du maire.

3° La commune du moyen-âge diffère enfin du
municipe romain par l'économie sociale.

J'entends par le mot d'économie sociale la constitution intime de la société, l'ensemble des lois, des
coutumes, des mœurs publiques et privées, en un
mot, l'état social dans son entier.

Dans le municipe romain, si je le considére par
rapport à l'état civil des habitants, je trouve des différences profondes avec l'autre régime. Ainsi pour ne
parler que d'un point de cette partie de l'organisation
sociale, si j'observe l'organisation de la famille dans
les pays de mœurs et de civilisation romaines et dans
les pays de mœurs et de civilisation germaniques, en
d'autres termes, dans les municipes du Midi et dans
les communes du Nord, je vois dans les premiers la
puissance excessive du père de famille, telle à peu-
près que la réglaient les lois romaines ; c'était la do-

mination absolue du *pater familias* sur ses enfants
et sur ses esclaves. Je sais bien que l'esclavage finit
par disparaître, mais il se conserva long-temps après
la chûte de l'Empire.

Dans la commune du Nord, au contraire, la puissance du père de famille ne fut guère, alors, que ce
qu'elle est aujourd'hui, et quand à l'esclavage, il
n'y subsista pas, il n'y avait pas même de servage,
et c'est même en cela que les communes affranchies
différaient des campagnes.

Il y a encore une autre rapprochement à faire entre
ces deux systèmes, rapprochement qui servira encore
à faire comprendre ce qui précède.

Les municipes du Midi ont beaucoup de rapport
avec les républiques italiennes du moyen-âge; comme
ces dernières, en effet, les municipes n'avaient pas
à faire avec une féodalité bien puissante, surtout
avant la guerre des Albigeois. Les bourgeois des cités
municipales du Midi de l'ancienne France égalaient
en puissance les nobles des campagnes, et les sur-
passaient en richesse; aussi ces deux ordres se mélé-

rent, moins cependant que dans les républiques italiennes, où la haute bourgeoisie s'ennoblit en même temps que la haute noblesse se fit bourgoise.

Dans le Nord de la France, au contraire, il se passa quelque chose d'analogue à ce que nous voyons plus tard dans l'histoire des communes flamandes, il y eut toujours entre les deux ordres, la bourgoisie des villes et la noblesse des campagnes, une antipathie vive et forte. Entre les deux ordres le mélange n'aurait pu s'opérer, car dans leur révolution, les bourgeois chassaient tout ce qu'il y avait de noble dans leur ville, et de leur côté les barons des campagnes n'entraient dans la ville que les armes à la mains pour piller et se venger.

Il y a d'autres différences entre les deux systèmes municipaux, mais toutes nous mènent à cette conséquence qu'a fait très-judicieusement ressortir M. Guizot, c'est que dans les premières dominait l'élément aristocratique, tandis que dans les secondes prévalait l'élément démocratique.

§ IV.

DÉCADENCE DES COMMUNES DU MOYEN-AGE

Outre les communes qui avaient eu ou un affranchissement politique comme les communes du Nord, ou
une ancienne constitution, comme les villes du Midi,
il y avait d'autres villes dont les libertés et les franchises étaient moins grandes, il est vrai, mais qui
n'en différaient pas moins des bourgs et villages soumis en tous points à l'autorité féodale.

Les priviléges de ces villes étaient quelques fois
très-anciens, et l'autorité royale n'avait fait que les
régler et les sanctionner. D'autres fois ces droits qu'on
accordait aux communes n'étaient qu'une émanation
de l'autorité royale, et c'est dans ce sens surtout, qu'on
peut dire qu'il y avait eu *octroi*.

L'une des plus remarquables, parmi les cités dont

je parle , fut Orléans (1) où l'autorité municipale était partagée entre quelques magistrats élus et d'autres délégués par le roi. Ces villes étaient libres à certains égards , mais dans le langage de l'époque , on ne leur donnait pas le nom de communes. Elles avaient bien une organisation régulière, mais elles n'avaient pas de constitution politique.

C'était à cet état secondaire que devaient descendre , soit les communes du moyen-âge , soit les municipes du Midi. Au dix-huitième siècle cet état sera le droit commun de presque toute la France. Je dis

---

(I) Paris fut aussi une ville de prévôté. Paris en raison de sa grandeur et de son importance ne fut pas gouverné par une seule corporation municipale , mais par un ensemble de corporation dont les attributions étaient combinées avec celles des abbés et le pouvoir des rois de France qui , à l'exception du temps malheureux de la captivité du roi Jean et de l'imbécillité de Charles VI , ne cessèrent d'être les *seigneurs et maîtres de leur bonne ville de Paris*, pour parler la langue du temps. Voyez sur ce sujet Dulaure, (*Histoire de Paris*) et M. Michelet (*Histoire de France.*)

presque toute la France , car il n'y eut pas , à proprement parler , de droit commun ; tout était partiel et local. Ce n'est qu'en 1789 que les réformes légales ont été généralisées et appliquées à toutes les parties de l'Empire. Avant cette époque , on ne rompait pas aussi ouvertement avec la tradition, on ne procédait pas d'une manière aussi radicale.

Quand, à l'ouverture des états généraux (1789), on fit l'inventaire de notre passé, on s'aperçut qu'il y avait eu d'anciennes franchises municipales , mais elle ne subsistaient plus que de nom , et en réalité elles étaient perdues , même dans les souvenirs historiques , et cela est si vrai que ce n'est pas trop de l'érudition investigatrice de nos jours pour leur restituer leur véritable caractère. A la fin du dix-huitième siècle , nous voyons bien subsister encore d'anciens vestiges des temps héroïques de notre organisation municipale, mais ces vestiges ne sont que les signes d'une grandeur déchue , pareils à ces villes de l'Orient dont on ne sait plus aujourd'hui le nom et le plan que par des tombeaux magnifiques.

Je reviens à l'organisation municipale du moyen-âge et je me demande comment elle tomba en décadence, soit dans le Nord, soit dans le Midi.

Dans le Midi, ce fut la guerre des Albigeois qui lui porta un rude échec. Cette guerre, qu'on appelait croisade, avait le caractère des anciennes invasions barbares. Les barons du Nord avaient conservé, sous beaucoup de rapport, les mœurs des anciens guerriers germains. Ils s'avançaient vers le Midi couvert de villes industrieuses, lettrées, opulentes, et alors les plus civilisées de la France. Ils pillaient et saccageaient des cités riches de monuments dont plusieurs attestaient l'ancienne grandeur romaine, celui qui les conduisait était ce fameux Simon de Mont-fort qui détruisait d'un côté les communes du Midi de la France, et d'un autre côté contribuait à nationaliser les communes anglaises en les introduisant dans le parlement.

Dans le Nord, vers la même époque, les communes tombaient aussi dans une décadence dont les causes ont très-bien été observées par M. Guizot.

Il les résume sous trois chefs :

1° La concentration des pouvoirs féodaux.

2° Le patronage de rois et des grands suzerains ;

3° Le désordre intérieur des villes.

D'abord la concentration des pouvoirs féodaux , on sait que le roi de France était suzerain de tous les autres grands suzerains du pays , mais à part ça, il n'était dans ses terres qu'un grand seigneur féodal , ni plus , ni moins qu'un duc de Bourgogne ou de Guienne. Cela étant, il est une chose à remarquer : c'est qu'indépendamment de la lutte qui s'opérait entre le roi et les possesseurs de grands fiefs, il y avait , dans l'intérieur même de ces grands fiefs, une guerre intestine entre le chef de la province et ses vassaux. Tout le monde le sait, le désordre était grand dans la société du moyen-âge. Or, quand une société est dans un état pareil, le besoin de l'autorité se fait vivement sentir , souvent à tel point , qu'il amène à sa suite le sacrifice volontaire de la liberté de la part des citoyens.

A l'époque dont je parle, les peuples sentaient ce besoin d'ordre , et c'était dans celle des autorités qui , par sa position était la plus haut placée, qu'ils mettaient leur confiance , car ils trouvaient chez elle ce qu'ils ne trouvaient pas chez les autres , je veux dire plus d'impartialité , plus de justice, et une protection moins insuffisante. Or c'était ou la royauté , ou bien la grande suzeraineté qui se trouvait alors dans la position que je viens de décrire ; de là résulta pour les possesseurs de petits fiefs la perte d'une grande partie de leurs prérogatives , et pour les grands suzerains et le roi , surtout, un grand accroissement de puissance. Dans cette immense absorption des souverainetés locales périrent non-seulement les souverainetés aristocratiques féodales , mais encore les petites souverainetés démocratiques , en d'autres termes , la liberté des communes.

Et voilà comment la concentration des pouvoirs féodaux a contribué à la décadence des communes.

D'un autre côté, le patronage des rois et des grands suzerains y contribua aussi.

Si on étudie attentivement l'histoire de ces temps , on s'aperçoit que les communes firent intervenir les rois , ou les grands suzerains dans les querelles qu'elles eurent avec les seigneurs, les abbés , ou les évêques à l'endroit de leurs priviléges politiques. Cela donna aux grands suzerains ou au roi le droit de se mêler de ce qui se passait dans l'intérieur des communes. Bientôt les rois qui n'avaient d'abord été qu'arbitres devinrent plus puissants , alors ils s'arrogèrent le droit de prononcer comme juges entre la commune et son seigneur immédiat, de juges ils devinrent ordonnateurs; enfin le temps vint où la féodalité ne fut plus une puissance politique où la royauté eut de fait une souveraineté complète. Alors il suffit d'une simple ordon.

nance du roi pour abolir la commune même , et substituer à ses magistrats élus des magistrats royaux.

On trouve une troisième cause de la décadence des
communes dans leurs agitations intérieures.

Les échevins , les doyens des métiers cherchaient
à accaparer tout à leur profit, ils étaient violens, bru-
taux comme les seigneurs même, dont ils avaient aboli
la puissance , les agitations intérieures et les violences
devinrent si grandes dans le sein même de certaines
communes que les peuples n'y trouvèrent plus de com-
pensation dans la liberté politique et qu'à tout pren-
dre·ils aimèrent mieux avoir à faire aux délégués de
l'autorité royale, aux juges royaux qui , malgré leur
servilité envers le monarque, vexaient moins , étaient
plus impartiaux.

Telle fut la fin de cette liberté orageuse et déré-glée comme l'époque où elle se produisit. Toutefois, dans de certaines communes, les rois ne parvinrent pas aussi facilement à la détruire que je viens de le dire, et partout les bourgeois ne souscrivirent pas de gaîté de cœur et sans résistance, à cette destruction. Ainsi, par exemple, Charles-le-Bel voulut, en 1305, mettre un prévôt à Soissons : on obéit d'abord, puis on se révolta.

Plusieurs faits analogues se produisirent dans d'autres communes, car si la liberté était la plupart du temps orageuse, anarchique même, il y avait des communes où l'ordre et la liberté régnaient ensemble avec cette harmonie qui est le *criterium* d'une bonne organisation politique et sociale. Là on tenait à la liberté et pour le bien qu'elle faisait et pour ce qu'elle avait coûté à conquérir.

Certaines communes conservèrent long-temps leurs priviléges : telle fut la ville d'Amiens qui, jusqu'en l'année 1577 (Henri IV régnait à cette époque), se maintint dans le droit d'élire son maire et son conseil d'échevins. Par un édit, Henri IV ôta à la ville la juri-diction du grand criminel et ne laissa à l'autorité mu-nicipale que le droit de connaître des contraventions de police et de ce qu'on appelle, dans la terminologie de notre procédure criminelle moderne, les délits de police correctionnelle. Au moyen-âge, une telle abo-lition eût occasionné des résistances dans la cité d'A-miens, mais au temps de Henri IV le pouvoir royal avait pris un tel accroissement que cette innovation excita à peine des murmures et se fit sans résistance.

§ V.

APPRÉCIATION DES ANCIENNES LIBERTÉS COMMUNALES DE LA FRANCE.

Maintenant je me demande si la perte des institutions municipales de la France a été un grand malheur ?

Pour mon compte, je pense avec plusieurs historiens publicistes que le malheur n'a pas été grand.

Je conviens bien que ces institutions révélèrent, de la part du tiers-état, un grand accroissement de forces et de richesses, et qu'elles ont fait faire à la démocratie un grands progrès dans l'économie sociale de la nation. A ce titre, nous devons des hommages et des éloges à la conduite des bourgeois du moyen-âge. Mais aussi il faut convenir que les institutions municipales d'alors avaient le caractère de l'époque, elles sentaient le monopole et le privilége. Elles avaient été faites dans l'intérêt de la bourgeoisie de la classe moyenne, pour me servir de l'expression actuellement en usage. C'étaient les maîtrises, les jurandes, les réglemens industriels. Ce ne fut que cinq siècles plus tard que la France put se jeter dans une révolution plus complète. Il fallait avant qu'il s'opérât dans la société un nivellement dont la royauté n'a été que l'instrument sans qu'elle s'en soit doutée. Alors seulement le terrain fut prêt, pour qu'on pût y implanter des institutions libres, dégagées de ce qu'elles ont de gothique et de suranné dans de certains pays.

Il est un autre fait qu'on doit observer et qui confirme la vérité de ce que je viens de dire, ce fait le voici :

La décadence des communes n'accompagne pas la décadence du tiers-état ; c'est tout le contraire ! au moment où nous voyons l'organisation communale tomber de tout côté, nous voyons le tiers-état parvenir à la gestion des affaires nationales par les hommes d'église, les légistes et les financiers sortis de son sein. Nous le voyons appelé par la royauté à siéger dans une grande assemblée nationale, je veux dire les états généraux convoqués pour la première fois, avec les trois ordres, par Philippe-le-Bel. C'est que le tiers-état ne comprenait pas seulement les bourgeois des grandes communes libres et affranchies, il comprenait encore les habitans des autres villes et bourgs, et surtout, ceux des campagnes qui, alors comme aujourd'hui, formaient la majorité de la population de la France. C'était bien aussi le peuple des campagnes qui avait le plus souffert des inconvéniens du système féodal. Eh ! bien, sous Louis-le-Hutin, tandis que nous voyons les priviléges communaux disparaître de toute part, nous apercevons une grande tentative pour affranchir les serfs. (1) Or je considère ce fait non-seulement historique, mais officiel, comme étant d'une importance immense dans l'histoire du tiers-état ; cet affranchissement affecte surtout la population des campagnes, laquelle avait eu aussi ses révolutions moins politiques, moins brillantes et moins célèbres que celles des villes, mais plus graves au fond. Au temps des Capets, ce furent les pastoureaux qui bouleversèrent la Provence, le Languedoc et l'Auvergne. Et, plus tard, sous les premiers Valois, ce furent les *Jacques-bons-hommes*. Ces insurrections sont à noter, et c'est avec peine que je vois de grands historiens n'en pas tenir assez de compte. M. Michelet, que je sache, est le premier qui a su mettre en relief ces révolutions et leur donner l'importance qu'elles méritent.

De tout ce qui précède il faut conclure, 1° que les bourgeois des communes n'étaient qu'une partie très-minime du tiers-état ; 2° que l'affranchissement des

---

(1) Dans le préambule de l'ordonnance qui fut rendue à cet égard, on lit ces mots remarquables : *Comme selon le droit de nature chacun doit être franc.* Cependant il ne faudrait pas trop vanter cette œuvre royale, elle ne fut pas plus désintéressée que certains affranchissements des communes dont nous avons parlé ci-dessus.

communes et les révolutions qui le précédèrent n'étaient que des faits partiels et locaux, incapables de porter la nation française à la généralisation du principe démocratique.

Voilà un pas fait dans la question dont il y a un moment je me suis proposé la solution. Pour arriver à une solution complète, il me reste à examiner si, au lieu de voir les libertés communales s'effacer devant le pouvoir royal, il n'aurait pas mieux valu qu'elles se fussent organisées en un vaste système de représentation nationale, comme cela a eu lieu dans un pays voisin.

Et d'abord les communes françaises le pouvaient-elles? ce qui s'est passé en Angleterre et en Hollande me prouve qu'elles le pouvaient. Cependant il y avait à la réalisation de ce fait des obstacles que les français du 11ᵐᵉ et 12 ᵐᵉ siècle ne me paraissent avoir guère été capables de surmonter. En effet, pour parvenir à ce résultat il fallait faire abstraction de l'esprit tout-à-fait local qui prévalait alors, il fallait commencer par s'élever aux notions du système fédéral, et c'est à quoi s'opposaient l'état des esprits et des mœurs et l'organisation sociale elle-même. Si, je le suppose, l'organisation communale eût produit des effet durables, et que le fait qui se produisit sous Philippe-le-Bel et souvent sous les premiers Valois (la réunion des États-généraux), se fût reproduit d'une manière périodique et fréquente et surtout avec des élections plus régulières de la part du tiers-états, nous aurions eu probablement une destinée analogue à celle de l'Angleterre.

Mais, d'un autre côté, le tiers-état ne serait resté qu'un ordre dans l'état. Car si, au temps dont nous parlons, il avait pu conquérir une importance politique nationale, le clergé et la noblesse eussent aussi conquis cette importance ; ils l'auraient gardée à l'encontre de la royauté. Nous eussions eu trois ordres. Mais la démocratie n'aurait pas prévalu.

Il n'en a pas été ainsi.

A mesure que l'importance sociale et politique du clergé et de la noblesse allait s'affaiblissant, et que la royauté elle même, tout en grandissant, s'usait à détruire leur puissance, le tiers-état s'élevait peu-à-peu, ses progrès étaient lents mais solides. Ce fut ainsi qu'il acquit des richesses, du pouvoir, des lumières, une importance sociale enfin. Alors il demanda des droits politiques, et ne pouvant les obtenir il les conquit en 1789.

Ainsi, malgré l'opinion de M. de Sismondi, je crois que mieux a valu que l'institution des communes d'alors ne se soit pas consolidée.

Du reste, un publiciste hollandais, M. Meyer, pense que les communes du moyen-âge contenaient en elles les germes d'une dissolution intestine ou d'une tyrannie latente, et que les hommes des temps modernes, quand il sont appelés à agir sur la constitution de leurs pays, doivent procéder sur des bases plus larges, et plus radicales.

Je ne puis m'empêcher de transcrire ici ce que dit cet écrivain à ce sujet.

« Cette guerre sourde et lente que faisaient les vas-

» saux avec les corporations , et les corporations entre
» elles , les sous-associations dans chaque commune ,
» les confréries de chaque corps de métier produisit
» l'esprit de coterie ,les petites aristocraties d'autant plus
» vexatoires qu'elles ont moins d'objet pour exercer leur
» activité , le malaise général qui rend le séjour des pe-
» tites villes si désagréable pour celui qui a quelques
» idées libérales , et qu'on retrouve partout dans les
» communes du moyen-âge. C'est cette division , cette
» opposition des petits intérêts , ces vexations conti-
» nuelles , quoique peu importantes , que se permet et
» dont se nourrit l'oligarchie pour ainsi dire, qui énerve
» le caractère national, qui détrempe les ames, qui rend
» les hommes bien moins propres à la liberté, bien plus
» incapables d'en sentir les bienfaits que le despotisme
» asiatique le plus absolu. . . . . »

« Certainement chaque communauté grande ou pe-
» tite a le droit de veiller à ses propres intérêts , à l'em-
» ploi de ses fonds , à son administration interne , sur-
» tout lorsqu'un pouvoir plus élevé peut empêcher que
» des intérêts partiels ou locaux , ne nuisent au bien-
» être public. Certainement l'administration générale
» de tous les objets de l'administration a de graves in-
» convéniens et même au despotisme le plus absolu.
» Mais les administrations communales telles qu'elles se
» sont formées dans le moyen-âge, vassales du souverain,
» et le seul lien qui existât entre le peuple et son roi,
» partie non intégrante du même tout , dissemblables
» et opposées entr'elles, indépendantes en tout ce qui ne
» tient pas à quelques devoirs généraux , exerçant dans

» leur sein tous les droits du souverain ne sont guère
» moins inconvenantes, et fomentent une tyrannie mille
» fois plus odieuse que le despotisme, celle de l'aris-
» tocratie. » (1)

---

(1) « La commune, dit M. De La Mennais, correspond
» dans le moyen-âge à ce qu'était dans le monde antique la
» cité Elle se constitua au profit de l'aristocratie bourgeoise,
» c'est-à-dire de ceux qui, parmi les affranchis, réunissaient
» les deux conditions de la liberté, le droit personnel ou
» la condition morale, la propriété ou la condition maté-
» rielle. Les autres restèrent en dehors de la cité nouvelle,
» ne jouirent point des prérogatives réservées aux seuls
» bourgeois, ils furent dans la commune ce qu'étaient les
» plébéiens à Rome, non des esclaves mais des prolétaires,
» le peuple, la plèbe.
   » Quelqu'imparfaite que fût l'institution des commu-
» nes, elle servit néanmoins la cause de la civilisation géné-
» rale, elle marque une des phases du développement de
» la liberté chez les nations chrétiennes. Par elle un élé-
» ment nouveau qui fut le tiers-état fut introduit dans l'or-
» dre politique. Elle contribua à ébranler le système féo-
» dal, qui n'était guère que l'organisation de la conquête
» au profit exclusif des conquérants. Les mœurs s'adouci-
» rent, l'arbitraire rencontra un obstacle déjà puissant dans
» la conscience publique que pénétrait de plus en plus le
» principe chrétien ; la justice moins partiale prit une for-
» me plus régulière ; la faiblesse fut mieux protégée ; le
» servage diminua graduellement ; la richesse s'accrut par
» l'effet même de l'affranchissement du travail, et par l'ex-
» tension de la propriété. Le nombre de ceux qui acquirent

» ce complément de leur droit augmentant chaque jour,
» une sève plus abondante de liberté circula dans le corps
» social. »

Lamennais : (*Du passé et de l'avenir du peuple*. Chap. XI.)

Ces appréciations sont sévères mais justes.

CHAPITRE III.

DES ANCIENNES PROVINCES FRANÇAISES.— DES COMMUNES ET DES PROVINCES
SOUS LA MONARCHIE ABSOLUE JUSQU'EN 1789.

Coup-d'œil rétrospectif. — De la province aux temps
des premiers Capets, c'est-à-dire sous la féodalité
pure. — Philippe-le-Bel. — Les Valois. — Louis IX,
Richelieu. — Louis XIV. — Vœux de réforme émis
aux XVIIme et XVIIIme siècles. — Exposition
résumée de l'état provincial et municipal de la France
dans les dernières années qui précédèrent la révolution
française.

Jusqu'ici je ne me suis occupé que de l'histoire
municipale de l'ancienne France. Je vais, maintenant

hasarder quelques aperçus sur son ancienne organisation provinciale.

Les chefs des guerriers Francs, que nous nommons rois de la première race, ne firent d'abord que camper en France. Plus tard ils s'y établirent d'une manière plus fixe ; mais, immédiatement après l'invasion ils n'organisèrent pas une administration régulière. Cela était impossible dans l'état des mœurs et des idées de la société d'alors.

Charlemagne, le premier, fit une tentative véritable d'organisation.

Dans son vaste système d'administration il essaya de combiner la centralisation, dont il avait emprunté l'idée au gouvernement impérial de Rome, avec les détails de l'administration locale. En un mot en même temps que l'état, il voulut constituer la province.

Dans les provinces il y eut en général, 1º une assemblée ; 2º des agens locaux ; 5º les envoyés de l'empereur, *missi Dominici*.

Je dis d'abord une assemblée provinciale et j'en ai plusieurs preuves, et entre autres ce passage d'un capitulaire rapporté dans la collection de Baluze où il est fait évidemment allusion à ces assemblées. « *Volu-* » *mus ut, sicut in secundo libro capitulorum decesso-* » *rum ac primo genitorum nostrorum continetur. Capi-* » *tulo XXIV, hæc capitula quæ num et alio tempore,* » *consultu fidelium nostrorum, à nobis constituta sunt* » *à cancellario nostro, archiepiscopo, et comites eorum,* » *de propriis civitatibus, modò aut per se, aut per* » *suos missos accipiant, et unusquisque per suum dio-*

» *sim, cæteris episcopis, abbatibus, comitibus aut aliis*
» *fidelibus nostris ea transcribi faciant, et in suis co-*
» *mitatibus coram omnibus relegant, ut cunctis ordi-*
» *natio et voluntas nota fieri possit. Cancellarius autem*
» *noster nomina episcoporum et comitum quià accipere*
» *curaverint nolit, et ea ad nostram nolitiam perferat*
» *ut nullus hoc prætermittere præsumat.*» On voit par
ce capitulaire que, s'il est vrai qu'il y a eu des assemblées locales avant Charlemagne, c'est seulement sous
son empire qu'elles ont figuré dans la constitution d'un
système provincial régulier.

2° Dans chaque province il y eut, sous Charlemagne, des gouverneurs locaux, des agens provinciaux ou
municipaux : dans les villes, c'étaient les *scabini*. (1)
Dans de certains arrondissemens du territoire, des
Comtes ou centeniers nommés par l'empereur, dans
d'autres des Leudes tenaient des terres à titre de bé-
néfice, et y exerçaient certaines portions du gouvernement local, ce qui, pour le dire en passant, prouve
bien que la féodalité avait déjà poussé des racines
assez profondes dans cette société.

3° Il y avait, en troisième lieu, dans les provinces, les agens de l'Empereur, *missi Dominici*, véritables inspecteurs administratifs et les plus aptes des
fonctionnaires d'alors à maintenir l'ordre et l'unité dans
l'empire de Charlemagne.

----

(1) Mot qui se traduit par celui d'échevin.

Mais ce système , conçu par son génie , dura peu , ou , pour mieux dire , il se gâta entre les mains de ses successeurs et subit la même révolution que la société , révolution dont le résultat fut le régime féodal.

Ainsi , les charges locales devinrent héréditaires de simplement bénéficiales qu'elles avaient été. C'est là l'origine des grands fiefs et l'une des causes les plus puissantes de la féodalité. Ce ne fut cependant pas la seule. Les causes du système foédal sont multiples. Voici les principales :

Les mœurs des guerriers barbares conservées par tradition depuis l'invasion ;

Le compagnonage des anciens guerriers germains (1),

---

(1) Voici ce que dit à sujet Tacite dans son admirable ouvrage sur les mœurs des germains : « *insignis nobilitas ,* » *aut magna patrum merita principis dignationem etiàm* » *adolescentulis adsignant : cæteris robustioribus aut jam* » *pridèm probatis adgregantur : nec robur inter comites* » *adspici. Gradus quin etiàm et ipse comitatus habet , judi-* » *cio ejus quem sectantur ; magna que et comitum æmula-* » *tiò , quibus primus apud principem suum locus , et plu-* » *rimi et acerrimi comites. Hæc dignitas , hæc vires ma-* » *gno semper juvenum globo circumdari : in pare decus ,* » *in bello præsidium nec solàm in gente sua sed apud fini-* » *timas quoque civitates , id nomen ex gloriâ est , si nume-* » *ac virtute comitatûs enitent ; expetuntur enim legationi-* » *bus et muneribus ornantur et ipsâ plerimque famâ , bella* » *profligant.* (Tacite. *De moribus Germanorum.*)

véritable origine du serment de foi et hommage, des lois qui réglaient les relations du suzerain et du vassal, et du dévouement chevaleresque qui, plus tard, devait briller d'un si vif éclat.

L'état d'infériorité des anciennes populations gauloises et celtiques (1) et le colonnat romain l'une des origines en France du servage de la glèbe. (2)

La transformation des bénéfices qui, d'abord temporaires, devinrent viagers, puis héréditaires, ce qui contribua à déplacer la souveraineté qui, dès-lors, devint la conséquence de la propriété territoriale, du domaine. (3)

La conversion des alleuds en bénéfices ce qui enfanta

---

(1) Voici ce que dit César à ce sujet. « *In omni Galliâ eo-* » *rum hominum qui aliquò sunt numero atque honore, ge-* » *nera sunt duo : nam plebs penè servorum habitur loco,* » *quæ per se nihil audet et nulli adhibetur concilio. Pleri-* » *que quam aut ære alieno, aut magnitudine tributorum,* » *haut injuriâ potentiorum premuntur se se in servitutem* » *dicant nobilibus. In hos eadem omnia sunt jura quæ Do-* » *minis in servos.* »

Cæsar (Comm. Livre VI. 13.)

(2) Voyez sur le Colonnat romain un savant mémoire présenté à l'Académie des sciences morales et politiques par un de ses membres, **M. Giraud**, professeur à la Faculté d'Aix, l'un de nos romanistes les plus distingués.

(3) C'est ce que j'ai observé plus haut.

le fief, et démontre que la féodalité dominait alors l'ordre social et était devenue une nécessité de l'époque.

Je n'insiste pas d'avantage sur ce sujet. Ceux qui voudront l'étudier plus amplement n'ont qu'à consulter les livres des feudistes et des publicistes qui se sont occupés de notre histoire, et surtout des écrivains de nos jours qui, sous ce rapport, sont les plus judicieux. (1)

L'histoire de l'ancienne France n'a un intérêt bien national pour nous qu'à l'extinction des temps carolingiens et à l'avènement des rois capétiens. C'est, en effet, à cette époque, que notre nationalité commence à se dessiner d'une manière un peu nette en Europe. A la même époque aussi la féodalité domine toutes les parties de notre organisation sociale : propriétés, relations publiques et privées, pouvoir exécutif et judiciaire, mœurs, usages, lois et coutumes, tout devient alors féodal, l'organisation sociale et la division territoriale, ou pour mieux dire, le gouver-

---

(1) Parmi les anciens, voyez Boulainviliers, (*Histoire de l'ancien Gouvernement de France. Lettre sur les Parlemens.*)

Dubos. (*Histoire critique de l'établissement de la Monarchie française dans les Gaules.*) Montesquieu, (*Esprit des Lois.*) Mably , (*Observations sur l'Histoire de France.*) Mont-Losier, (*de la Monarchie française.*) Simonde de Sismondi , *Histoire des Français.*) Guizot, (*Essais sur l'Histoire de France.*) Aug. Thierry, (*Lettres sur l'Histoire de France.*)

nement de la France était une monarchie fédérative composée d'états où dominait, et était entièrement souveraine, une aristocratie territoriale dont le roi était le chef, mais chef plus nominal que réel ; en sorte qu'on peut dire, avec Montesquieu, qu'à l'avènement de Hugues Capet la couronne fut unie à un grand fief. D'un côté, en effet, le roi avait le pas sur les grands feudataires lesquels avaient chacun une ou plusieurs provinces dans leur domaine ; tandis que dans son domaine à lui, le roi n'était qu'un seigneur dont la puissance était en tous points semblables à celle des autres grands feudataires.

Au commencement de la troisième dynastie, l'organisation provinciale de la France fut celle ci :

Environ vingt grandes provinces dans chacune desqu'elles chaque grand feudataire avait un pouvoir presque royal. Il est vrai que là, il avait des relations tortueuses et compliquées avec ses autres vassaux, tout comme le roi de France avec les grands vassaux eux-mêmes ; mais un grand feudataire était plus puissant chez lui que le roi dans le royaume. Ainsi, je le répète, à son origine, le pouvoir du roi de France fut plus honorifique que réel, plusieurs feudataires avaient autant de puissance effective que lui, et il n'était, à tout prendre, que leur président, si je puis dans un tel sujet et pour un tel temps me servir de cette expression. Cela étant ainsi, les premiers rois capétiens ne pouvaient, qu'à grand peine, faire prévaloir leur influence, faire reconnaître les prérogatives vraiment royales.

La souveraineté était morcelée ; c'est même ce fractionnement de la souveraineté qui explique la variété des anciennes coutumes.

L'unité ne pouvait donc s'établir en France qu'à cette condition, qu'il se trouverait un pouvoir qui, après avoir détruit les souverainetés partielles et locales, les transformerait en une souveraineté indivisible et nationale. La monarchie a été ce pouvoir. Pour venir à bout de son œuvre, elle a dû vaincre tous les obstacles que lui suggérait le fédéralisme provincial, faire la conquête ou l'acquisition, par mariages ou traités, de toutes les provinces qui ont formé plus tard le royaume de France. Elle a d'abord abattu les grands fiefs, la tête de la puissance féodale, pour, plus tard, soumettre ses forces désunies.

Cette œuvre a été longue, laborieuse, difficile ; et le pouvoir royal, c'est-à-dire non-seulement quelques rois, mais tous les hommes (1) qui se sont rangés sous la bannière de la monarchie n'en sont venus à bout qu'à l'aide d'une politique habile et persévérante surtout.

Au fédéralisme féodal succède le système provincial de la monarchie absolue.

A cette organisation succède la division territoriale et administrative de la France par départemens.

A chacune de ces transformations le lien d'unité se

____

(1) Suger, Enguerrand de Marigny, Clisson, d'Amboise, Richelieu, Mazarin, etc.

resserre, mais ce n'est qu'à la dernière qu'elle s'établit d'une manière complète.

Considérée sous ce point de vue, l'histoire de France se divise en plusieurs périodes.

Dans la première, on doit comprendre tout le temps que la monarchie a employé pour faire reconnaître son droit, pour faire accepter son influence aux grands feudataires eux-mêmes. Ce droit, cette influence ne furent d'abord que la suzeraineté féodale constatée, reconnue. La lutte de la royauté contre la haute aristocratie féodale comprend tout le temps qui s'est écoulé entre l'avènement de Hugues Capet et la fin du règne de Philippe-le-Bel.

Dans la période qui suit, la royauté établit une lutte plus systématique, qui s'éleva à la hauteur d'une guerre nationale contre les Anglais, sous Charles V, Charles VI et Charles VII, pour se terminer, sous Louis XI, par la ruine des grands fiefs.

Au début de la troisième époque, la royauté a fait du chemin; elle a détruit la tête de la féodalité; elle va maintenant l'attaquer d'une manière plus détaillée, plus intime : il est vrai que les grands seigneurs qui restent, et qui viennent en seconde ligne après les grands feudataires, reconnaissent l'autorité royale dans leurs baronnies et comtés; ils ne peuvent pas marcher de pair avec le roi, mais ils sont assez puissans encore pour nouer des relations fâcheuses avec l'étranger, et pour entretenir au dedans le feu des discordes civiles.

Sous Charles IX et Henri III, nous voyons, pendant

les guerres de religion, des nobles puissans à la tête
des deux partis qui divisaient la France. C'est, d'une
part, les Guise, les Montmorency; de l'autre, les
Coligny, les Princes de Navarre.

Sous Henri IV, cette noblesse lève encore l'étendard
de la révolte, ayant à sa tête les D'Epernon, les
Byron, et quelques-uns des anciens chefs des partis
catholique et protestant. Richelieu doit abattre cette
aristocratie ; en sorte qu'on peut dire que ce grand
ministre a ruiné le deuxième degré de la féodalité,
tout comme Louis XI avait ruiné les grands feudataires.

Dans une quatrième époque, la féodalité, assujettie
au pouvoir royal, n'a plus aucune force politique,
bien qu'il lui reste encore de grands avantages sociaux,
lesquels n'ont complètement disparu qu'à la révolution
française.

Redisons encore quelques mots sur ces diverses
époques.

A mesure que la puissance royale va s'effaçant de
jour en jour, et qu'en raison directe progresse le pouvoir plus unitaire de la royauté, il est évident que le

système provincial de la France doit éprouver des changemens. Ainsi, pendant la première des diverses périodes que je viens d'indiquer, les seigneurs étaient rois sur leurs terres, et la puissance royale à peine obéie, le plus souvent méconnue. Cependant le fractionnement excessif de la souveraineté entraînait des guerres de province à province, et, dans l'intérieur même de chaque province, des révoltes surgissaient contre les grands feudataires ; des querelles sanglantes éclataient entre le maître d'un petit fief et le maître d'un autre petit fief. C'était un état de guerre continuel, intolérable pour tout le monde, pour les grands et pour les masses, qui en étaient les premières victimes.

Dans de telles conjonctures, le besoin d'ordre se faisait vivement sentir, à tel point qu'en même temps que les hommes du peuple invoquaient la haute justice du roi, les feudataires le faisaient l'arbitre de leurs contestations. Les rois profitèrent habilement de ces circonstances, et leur intervention, de volontaire qu'elle avait été à son origine, devint une de leurs prérogatives les plus légitimes et les plus reconnues.

Pour peu qu'on connaisse notre histoire, on sait comment Philippe-Auguste intervint dans l'affaire de l'assassinat du prince Arthur-de-Bretagne par Jean-Sans-Terre.

Ce prince augmenta, d'une manière réelle, la puissance royale, et en même temps il sut l'entourer d'un certain prestige, rehaussé par les traditions du temps de Charlemagne, invoquées et popularisées sous son règne.

Il sut se faire proclamer le chef de la nation française, à l'encontre des autres monarques d'Europe. Déjà Louis VII s'était fait le chef des seigneurs français, partant pour la croisade ; Philippe-Auguste se mit aussi à la tête d'une croisade. Mais ces sortes d'expéditions n'allaient pas autant à son génie froid et positif qu'à l'esprit aventureux et romanesque de son contemporain et rival Richard-Cœur-de-Lion. Aussi, il ne tarda pas à laisser ce dernier guerroyer seul, en Terre-Sainte, contre les infidèles. Il revint en France, il aimait mieux diriger ses efforts vers l'agrandissement de son pouvoir.

L'empereur d'Allemagne, et plusieurs princes d'Occident s'étant coalisés contre lui, il sut rallier sous son drapeau le clergé, les communes et toute l'aristocratie féodale. Il se fit proclamer en quelque sorte le chef de l'armée française, et il vainquit à Bouvines. C'est le fait d'armes le plus glorieux, la grande bataille nationale des Français pendant l'époque féodale.

A l'intérieur, ce prince se montra ennemi habile et persévérant de la féodalité ; il l'attaqua dans les rois d'Angleterre, lesquels étaient en France des seigneurs féodaux du premier ordre, depuis la conquête de la Grande-Bretagne par un duc de Normandie. Dans ses domaines il réprima l'arbitraire qu'exerçaient les nobles, ses vassaux. Il fit des lois protectrices en faveur des bourgeois et des paysans. Les attributions des justices seigneuriales furent notablement diminuées. Il créa dans les villes des prévôtés, qu'il subordonna à des agens de son choix, appelés baillis ; c'est même à cette époque que remonte la création des baillages, et la première influence des légistes dans les affaires d'État. A cet égard, voici les termes d'une ordonnance rendue sous ce règne : « 1° Nous ordonnons donc, en » premier lieu, que nos baillis choisiront, pour chaque » prévôté, et comme chargés de nos pouvoirs, quatre » hommes sages, loyaux et de bonne renommée ; les » affaires de la ville ne pourront se traiter sans leur » conseil, et sans le conseil de deux au moins d'entre » eux. Quant à Paris, nous voulons qu'il y en ait six.

» Nous avons aussi placé des baillis dans nos terres, » qui sont distingués par des noms propres. Tous les » mois ils fixeront, dans leur baillage, un jour dit jour » d'assises, où tous ceux qui auront à faire quelque » plainte recevront d'eux, sans délai, justice et sa- » tisfaction. Là aussi, nous recevrons satisfaction et » justice. On y inscrira les forfaitures qui doivent nous » échoir.

» 3°. . . . .

» 4°. . . . .

» 5° Si un de nos baillis s'est rendu coupable de » tout autre délit que meurtre, rapt, homicide ou » trahison, et qu'il en soit convaincu devant l'arche- » vêque, la reine et les autres juges nommés pour » entendre les forfaitures de nos baillis, nous voulons » qu'il nous soit envoyé, trois fois par an, des lettres » pour nous informer du bailli qui a forfait, de la » nature du délit, de ce qu'il a reçu, et quel est » l'homme dont l'argent, les présens, les services lui » ont fait sacrifier le droit de nos gens ou le nôtre.

» 6° Nos baillis nous feront les rapports sur nos
» prévôts. »

Je le demande à quiconque a un peu d'idée de notre
histoire. Y a-t-il rien de moins féodal que le texte et
l'esprit de cette ordonnance? Ne reconnait-on pas,
dans le fonds comme dans la forme, que les clercs et
les légistes y ont mis la main? Il y a plus : c'est là
un acte qui nous montre officiellement que l'influence
de la royauté était alors plus civilisatrice, plus pro-
tectrice pour le peuple que l'influence féodale. C'est
pour cela qu'elle devait prévaloir.

La plupart des ordonnances de Philippe-Auguste
étaient faites pour les domaines royaux et pour les
villes des prévôtés à qui l'administration royale voulait
donner des garanties d'ordre contre la féodalité destructrice et brutale. Sous de certains rapports, ces
actes de la royauté remplacèrent les chartes d'affranchissement des communes, sinon au point de vue
des libertés publiques, du moins, relativement aux
garanties privées.

Ainsi, c'est avec raison que je disais que Philippe-
Auguste avait donné un grand lustre et une grande
puissance à la royauté, et, par suite, avait fortement
battu en brèche l'institution féodale.

Cela résulte de plusieurs faits :

De son intervention comme président d'une cour
des pairs dans les querelles féodales.

De ce qu'il s'était fait reconnaitre le chef de la
France unie et armée pour sa défense dans les champs
de Bouvines.

Enfin, de ce que, dans l'intérieur de ces domaines, il avait établi un ordre, une administration qui témoignaient vivement de ses antipathies contre la féodalité, et du pouvoir qu'il avait conquis sur elle.

Saint Louis continua son œuvre.

Il est vrai que ce roi reconnut, en quelque sorte, la légitimité de la féodalité. C'était, à cette époque, une idée dominante, et Louis IX était d'une moralité trop scrupuleuse, et d'un génie trop peu hardi pour se mettre au dessus de cette idée. Ce fut, conformément à ce principe, qu'il fit d'assez fortes concessions au roi d'Angleterre, grand feudataire de France, où il possédait d'immenses domaines. Mais si, d'un côté, Saint Louis reconnaissait des prétentions légitimes à la féodalité, il croyait, d'un autre côté, que la prérogative royale était légitime aussi, et quand il trouva l'occasion d'augmenter son influence, il ne la négligea pas, quand les moyens qu'il avait à employer ne blessaient en rien sa conscience rigide. C'est ainsi qu'il fit souvent des traités, des acquisitions, en vue d'augmenter l'étendue de son domaine. Le premier, il commença à faire sentir les bienfaits de l'influence royale dans les provinces du Midi, surtout dans le Languedoc, qui, jusques là, ne connaissaient les Français du Nord et leur roi, que par les cruautés qu'ils avaient commises pendant la guerre des Albigeois. Il arrêta les envahissemens de la puissance ecclésiastique, qui aspirait à devenir indépendante comme l'était celle des grands feudataires laïques. Par ses établissemens, il continua l'œuvre législative de

Philippe-Auguste. Il attaqua la féodalité dans sa puissance judiciaire, en multipliant les cas royaux, en abolissant dans ses domaines les duels judiciaires, et en engageant plusieurs des grands feudataires à les abolir dans leurs provinces. En un mot, par une fermeté trop modérée, il est vrai, mais efficace, il maintint et agrandit l'œuvre de ses prédécesseurs.

Philippe-le-Bel ne fut pas si consciencieux dans le choix des moyens dont il usa; mais il fut plus habile et eut plus de succès. Je ne crains pas de le dire, dût cette assertion paraître paradoxale à quelques-uns, ce roi fut le plus grand destructeur du génie féodal du moyen-âge. Il fit même plus pour son époque que Louis XI et Richelieu ne firent pour leur temps. Il attaqua l'aristocratie féodale, et la battit en brèche dans sa souveraineté, dans son pouvoir judiciaire, dans son esprit guerrier et religieux.

Dans sa souveraineté, par le droit de battre monnaie, dont il priva certains seigneurs, et dont il usa et abusa même considérablement.

Dans son pouvoir judiciaire, en accordant une grande influence aux légistes, qu'il substitua aux barons, dans son parlement; lequel fut, sous son règne, rendu sédentaire, d'ambulant qu'il était auparavant.

Dans son esprit guerrier et religieux, en faisant disparaître cette manie d'aller aux croisades. Il porta encore une grande atteinte à l'esprit militaire et religieux du moyen-âge, en abolissant l'ordre des Templiers.

Il arrêta les envahissemens de la puissance ecclésiastique, força le clergé à la soumission, se posa à l'encontre de la puissance papale, qui, sous l'obstiné et incapable Boniface VIII, était bien loin de l'apogée où l'avaient portée Grégoire VII et Innocent III. Boniface voulant résister, il le fit outrager indignement. Le gascon, Bertrand de Goth, la créature du roi de France, fut nommé Pape ; le Saint-Siége fut transféré à Avignon, et la papauté, qui avait si long-temps résisté à la puissance impériale, reçut d'un roi de France un échec, dont elle ne s'est pas relevée depuis (1).

Il donna au tiers-état une influence véritable, une influence nationale, en quelque sorte, en introduisant les députés des villes aux assemblées nationales, qui, avec les membres du clergé et de la noblesse, prirent le nom d'États-Généraux.

Ce serait ici le cas de dire quelque chose de ces assemblées, sur l'histoire desquelles on a bâti tant de systèmes. Cela n'aurait de digression que l'apparence, et aurait une relation logique avec le sujet que je traite.

J'en parlerai plus loin (2).

---

(1) Je n'entends parler ici que de la puissance temporelle des Papes, et non de leur puissance spirituelle.

(2) Je reviendrai sur ce sujet dans le tome second, à propos du système représentatif.

La guerre des Anglais vient compliquer l'histoire du régime provincial de la France, sous les Valois.

La conquête d'Angleterre avait été faite par les Normands, conduits par Guillaume-le-Conquérant, leur chef. La Normandie était un des plus grands fiefs du royaume. Un vassal du roi de France devint par là roi d'Angleterre et put se poser dès-lors en rival du monarque; car, par sa conquête, il était devenu plus fort que son suzerain, le roi de France.

Plus tard, le mariage de Plantaginet avec Eléonore d'Acquitaine, donna à ce dernier prince une grande partie de la France méridionale, à titre de fief. Dans ces conjonctures, il devint roi d'Angleterre. Il est vrai que Philippe-Auguste enleva, peu de temps après, la Normandie au monarque anglais. Mais ce dernier n'en demeura pas moins possesseur des plus riches provinces de France. Envain Philippe-le-Bel fit des efforts pour empêcher l'influence féodale et anglaise de prévaloir. Sous ses faibles successeurs les Anglais accrurent encore leurs possessions sur le continent. Elles s'étaient terriblement accrues à l'avènement des Valois. Ils firent le roi Jean captif. La politique de Charles V et les exploits de Duguesclin les arrêtèrent quelque temps ; mais ils reprirent leurs avantages sous l'imbécille Charles VI, et sous le gouvernement de ses oncles qui, eux aussi, étaient devenus de puissans seigneurs. En sorte qu'un moment vint où les Anglais furent maîtres de presque toute la France, à l'exception de la Bretagne, de la Bourgogne, du Berry et du Dauphiné.

Alors une haine profonde éclata contre les Anglais. La nation se leva enfin contre eux, et sous les ordres d'une guerrière immortelle, mit le roi à sa tête et les chassa. Dans cette lutte, l'esprit national se forma, et l'esprit féodal s'affaiblit considérablement. Il s'affaiblit parce que les progrès et les besoins de la société le voulaient ainsi, et parce que, en définitive, la féodalité s'était montrée antipathique au patriotisme national.

D'un autre côté, l'aristocratie féodale, vraiment française, celle qui resta fidèle au drapeau national, fut rudement décimée dans cette guerre. La royauté profita de tout cela.

Quand Louis XI monta sur le trône, il y avait encore plusieurs grands fiefs : Bourgogne, Anjou, Provence, Bretagne, et la Normandie, que les grands voulaient démembrer du domaine royal pour en former l'apanage du frère du roi. Louis XI, par une politique criminelle et perfide, il est vrai, mais habile, persévérante et grande dans ses résultats, si ce n'est dans ses moyens, empêcha le démembrement de la Normandie, s'empara de l'Anjou, et se fit donner en héritage la Provence par le roi René.

Puis, il maria son fils, qui fut Charles VIII, avec l'héritière de Bretagne. Long-temps il avait lutté contre Charles-le-Téméraire, qu'on peut regarder comme le véritable représentant de la féodalité en Europe, à cette époque. Après la mort du duc de Bourgogne dans la guerre contre les Suisses, il s'empara de ses états. Dès ce moment, on peut regarder la grande vassalité comme abolie en France. La puissance royale fut substituée à celle des grands feudataires, et, par suite, le système provincial de la France dut changer, et changea en effet. Ce ne fut plus, à la tête de chaque province, un grand feudataire presque souverain ; mais des délégués du roi, des gouverneurs civils et militaires, agens temporaires et révocables. Ces gouverneurs eurent, il est vrai, une grande puissance, mais ils ne l'exercèrent que de par le roi.

Restaient encore les possesseurs de fiefs du second ordre, qui n'avaient pas été entièrement détruits. Ils tenaient le milieu entre les châtelains et les grands feudataires. A partir du règne de Louis XI ils ne relevèrent plus que du roi.

Cependant cette aristocratie qui, dans la hiérarchie du système féodal, paraît au second plan, donna aussi bien du tourment à la royauté. Ainsi, et j'en ai déjà fait la remarque, on voit, sous François Ier, un grand seigneur, le connétable de Bourbon, résister aux ordres de l'autorité royale, et, choqué d'un passe-droit, passer à l'ennemi. Cent ans plus tôt, la défection de Bourbon eût été un événement ordinaire, qui eût à peine encouru le blâme ; mais, à cette époque, elle fut regardée généralement comme un forfait à l'honneur national. J'avais donc raison de dire que l'esprit national faisait des progrès à mesure qu'on voyait disparaitre l'esprit féodal.

Pendant le règne de François Ier, le pouvoir royal fit aussi de grandes conquêtes sous le rapport judiciaire. François Ier créa de nouveaux parlemens; il augmenta le ressort de celui de Paris. Or, les parlemens étaient alors un mode de manifestation de l'unité nationale contre le vieil esprit local. Si, en 1789, les rôles avaient changé, c'est que, semblable à la vieille monarchie elle-même, l'institution progressive à son origine était restée stationnaire, et n'avait pas marché comme le reste de la société.

Pendant les guerres de religion, nous voyons l'aristocratie féodale prendre parti pour le protestantisme, non par esprit de progrès, mais pour faire la guerre au pouvoir royal. Je ne veux pas dire cependant que l'aristocratie féodale se soit rangée en entier dans le camp protestant; car, dans le parti extrème contraire, il y avait beaucoup de nobles, et entr'autres les Guise; mais ce dernier parti lui-même était hostile à la royauté, qui avait peine à tenir une balance modératrice entre les deux. Ce que je veux dire seulement c'est que, c'est dans le parti protestant surtout que l'aristocratie se plaça à cette époque, comme sous le ministère de Richelieu, pour lutter avec la royauté.

Dans les guerres civiles du seizième siècle, les nobles agitèrent profondément la France. A peine Henri IV, prince plus politique que religieux, fût monté sur le trône, qu'il s'aperçut, ainsi que son ministre Sully, lequel était *pourtant de la religion*, qu'il y avait dans le génie politique des protestans quelque chose d'antipathique avec la royauté. Or, à cette époque, être contre la monarchie, c'était être contre l'unité.

Le roi et son ministre voyaient donc avec peine ces grands seigneurs, qui avaient fait leur position belle pendant la ligue, passer devant le trône en portant la tête haute. Ils avaient attiré dans leur faction les anciens chefs du parti catholique, et Mayenne lui-même, à ce que l'on croit généralement. Parmi eux on remarquait un duc de Bouillon, qui faisait le petit roi dans sa principauté de Sédan. Lesdiguière, en Dauphiné, lequel ne tarda cependant pas à se ranger sous l'étendard royal. Dans cette faction on comptait encore le maréchal de Byron. Il vint un jour dans l'idée de ce dernier de faire alliance avec un prince de Savoie. Henri IV le sut et le fit décapiter. Cependant les grands seigneurs étaient encore puissans dans les provinces où on les envoyait comme gouverneurs, et où ils exerçaient une puissance temporaire, il est vrai, mais princière. Henri IV mort, ils profitèrent de la minorité de Louis XIII pour agiter l'État ; ils parvinrent même à faire décapiter l'italien Concini, qui était devenu, sous le nom du maréchal d'Ancres, le favori de la reine mère régente.

Dans ces conjonctures, Richelieu parut, et son premier but fut la destruction de ce parti féodal et fédéral. Il rêvait la réalisation d'une monarchie absolue. Or, c'était ses efforts pour arriver à ce but qui devaient contribuer puissamment au grand œuvre de l'unité nationale. A plusieurs reprises les grands conspirèrent contre Richelieu. Ils voyaient que tant qu'il serait au ministère, il n'y aurait pour eux ni pitié, ni merci. Alors ils se jetèrent (les chefs du parti protestant surtout) dans l'alliance de l'Angleterre. Richelieu déjoua leurs projets, et s'empara de La Rochelle, leur place de guerre. Plusieurs autres seigneurs fomentèrent des conspirations dans leurs gouvernemens. De ce nombre fut Montmorency, qui leva l'étendard de la révolte et de la guerre civile dans les provinces méridionales. Il fut vaincu, condamné à mort et exécuté. Dans cette guerre périrent une partie des franchises municipales du Midi, lesquelles étaient pour la plupart d'origine romaine.

A cette époque, la puissance de ces feudataires du second ordre, reçut une atteinte, dont ils ne se relevèrent jamais. Ils eurent dans Richelieu un ennemi semblable à celui qu'avaient trouvé, dans Louis XI, les grands feudataires. Ils demeurèrent calmes sous son ministère; ils s'étaient aperçus qu'il n'y avait pas à plaisanter avec la *tyrannie de M. le Cardinal.* Mais en même temps que le ministre vexait les grands, le peuple respirait sous son administration ferme et habile, et la France comparaissait pardevant l'Europe avec une unité et une puissance qui devint redoutable à la maison d'Autriche, dans cette guerre de trente ans, où les protestans d'Allemagne s'unirent à la France et à la Suède contre l'empire; guerre dans laquelle Gustave-Adolphe eut la gloire militaire, mais dont la conduite diplomatique fut conçue par le génie de Richelieu, qui n'eût pu réaliser cette grande pensée, s'il n'eût été à la tête d'un pouvoir qu'il avait assis en détruisant la haute noblesse.

Envain, et sous la minorité de Louis XIV, elle essaya de relever la tête. Ses tentatives n'aboutirent qu'à la ridicule insurrection de la fronde ; et, dans cette comédie insurrectionnelle, la légèreté des nobles, leur manque d'union et d'habileté dans la lutte, indiquaient assez que leur temps était passé.

Sous Louis XIV, les nobles se firent courtisans, alors les vertus mâles et guerrières, qui avaient jeté un certain prestige autour de l'aristocratie antique, disparurent complètement. Les descendans des anciens chevaliers tinrent à honneur d'être les valets du roi à Versailles, et d'assister à son petit lever. Au lieu de vivre d'économie au fond de leurs provinces, comme par le temps passé, ils s'en vinrent dans les résidences royales dévorer leur fortune, et engager les domaines dont ils confiaient l'administration à des intendans avides et rapaces, qui trompaient leurs maîtres et pressuraient les paysans encore plus qu'eux.

Cependant le grand roi, dans la splendeur de son règne, commençait à se dégoûter de la noblesse. Car, si, d'un côté, il donnait les honneurs du commandement à des hommes tels que Condé, Turenne et Vauban, il préférait donner le pouvoir réel à des bourgeois; il aimait à les élever à de hautes fonctions dans la magistrature, les finances, et même l'armée et la diplomatie. Louvois, Colbert, Lionne, Pussort et Savary étaient bourgeois ou d'origine bourgeoise. La noblesse était donc, sur beaucoup de points, écartée des affaires publiques. Mais, en général, elle n'apercevait pas sa décadence. Quelques hommes éminens de cette classe étaient les seuls qui entrevoyaient que cet état de choses pouvait devenir fatal à l'ordre entier de la noblesse ; ils s'en plaignaient amèrement , et mêlaient à leur regret du passé des prophéties sinistres pour l'avenir. « L'on voyait , dit le vieux duc de Saint-Simon , dans ses mémoires si originaux et si piquants. « L'on voyait périr dans les emplois communs des » hommes de marque dont le génie supérieur soutien- » drait avec gloire le faix des plus grandes affaires de » la guerre et de la paix , si la naissance et le mérite » n'étaient pas des exclusions certaines , surtout quand » ils sont joints à un cœur élevé qui ne peut se frayer » un chemin par des bassesses , et qui ne connaît que » la vérité. » Selon ce même Saint-Simon , c'est l'influence des hommes de plume et de robe qui a réduit la noblesse à cet abaissement sous Louis XIV.

Cependant la centralisation allait faisant toujours des progrès dans toutes les branches du gouvernement ; mais il arrivait ce qui arrivera toujours dans un pays qui n'a pas d'institutions politiques dans le sens vrai du mot ; la centralisation conduisait à la monarchie absolue, c'est-à-dire , au despotisme. Les provinces étaient administrées par des agens royaux révocables, qui, lorsqu'ils n'étaient pas dirigés par des hommes tels que Colbert et Turgot, commettaient beaucoup de fiscalités, et faisaient regretter, dans quelques en-

droits , les anciens gouvernemens des nobles , et dé-
plorer la perte des priviléges municipaux et provinciaux.

D'un autre côté, Louis XIV avait abaissé la noblesse
en la ravalant, ce qui n'empêchait pas qu'elle ne fût
une plaie dans l'État, et c'est avec beaucoup de justesse
que d'Argenson écrivait en 1756 : « Voici cependant
» à quoi se réduit toute l'aristocratie du gouvernement
» français, et toute la part qu'y prend la noblesse.
» Le commandement des armées et le service militaire.
» Les affaires de la guerre ne donnent qu'une autorité
» passagère. Ajoutez à cela un grand air d'importance ,
» des distinctions brillantes, mais seulement extérieures.
» Quelques charges à la cour, agréables par l'accès
» auprès de la personne du prince, mais contre-balancées
» par la méfiance que ses ministres lui donnent de ses
» courtisans. Quelques grâces lucratives et injustes,
» l'occasion de nuire plutôt que de servir, une occu-
» pation continuelle d'intrigues, d'argent et de ven-
» geances ; un état qui reluit au loin, et qui ne soutient
» pas l'examen, un meilleur air, plus de goût dans le
» discours et les modes, de grandes terres négligées,
» des dettes et des injustices. »

Et toutefois, malgré l'absence de véritables institutions politiques, le travail d'unité sociale s'opérait
d'une manière vaste, large, et qui n'était pas sans
grandeur. L'unité législative se manifestait par les
belles ordonnances sur les eaux et forêts, le commerce,
les donations, la procédure civile. Mais le pouvoir
abusait parce qu'il était sans contrôle. Sous ce roi,

disait peu de temps après la mort de Louis XIV,
l'historien que j'ai cité plus haut : « Sous ce roi ,
» notre gouvernement s'est tout-à-fait arrangé sur un
» nouveau système : la volonté absolue du maître.
» L'on a admis cette autorité , et les peuples se sont
» soumis au point de ne pas avoir la force de connaître
» quels sont leurs véritables intérêts. »

Au sujet des intendans de province, un autre publiciste de l'époque s'écrie : « Le peuple imagina qu'un
» intendant de province serait un protecteur contre l'au-
» torité de la noblesse, qui ne laissait pas de l'incommoder
» encore. Il n'a appris que long-temps après , par une
» expérience bien douloureuse, que les nouveaux ma-
» gistrats devaient être les instrumens immédiats de sa
» misère ; que la vie, les biens et les familles, tout
» serait à leur disposition. Maîtres des enfans jusqu'à
» les enrôler par la force ; maîtres des biens jusqu'à
» ôter la subsistance ; maîtres de la vie jusqu'à con-
» duire au gibet. » Dans ces paroles du comte de Bou-
lainvilliers, il y a certainement du fiel et de l'acrimonie,
surtout de la part d'un homme qu'on sait plus préoccupé
des intérêts de sa caste que des misères du peuple,
dont il n'avait cure. Mais cette observation , une fois
faite, ces paroles ont un grand sens, elles prouvent
que le despotisme de Louis XIV faisait bien du mal,
et, qu'après tout, si l'unité et l'égalité sont des biens
immenses pour une nation , la liberté politique seule
est capable de les vivifier.

Or, il n'y avait alors aucune institution qui la garantit, ni dans l'État, ni dans la province, ni dans la commune.

Dans l'État, car là où il y a despotisme il n'y a pas de liberté. Ces deux mots sont contradictoires.

Dans la province, car s'il y avait une ombre d'institution politique dans les pays d'État, elle n'avait aucune efficacité véritable, et le roi pouvait paraliser les décisions des États provinciaux, en sorte que vers 1789 ces priviléges eux-mêmes avaient presqu'entièrement péri, et il ne restait plus même des anciennes institutions que des conséquences incomplètes, des principes oubliés, des garanties qui n'avaient plus d'objet, des priviléges qui étaient maintenus par un esprit étroit de localité. C'était une énigme sans nom, un véritable cahos judiciaire et administratif.

Même absence d'institutions dans le gouvernement municipal. Les villes portaient seules le nom de communes; les communes rurales portaient le nom de paroisses, elles étaient administrées partie par les seigneurs, partie par les curés. Certaines villes l'étaient par l'évêque; d'autres, mais bien peu à cette époque, choisissaient leurs maires et leurs conseils d'échevins. L'administration d'un grand nombre était confiée aux agens royaux, le désordre, le manque d'unité était partout.

Faut-il s'étonner après cela que le besoin d'une constitution se fit profondément sentir. « La cause » du mal, disait au roi Louis XV le ministre Turgot, » vient de ce que votre État n'a pas de constitution. » C'est une société composée de divers ordres mal assis,

» d'un peuple dont les membres n'ont entre eux que
» très-peu de liens sociaux , où , par conséquent per-
» sonne n'est occupé que de son intérêt exclusif, où
» presque personne ne s'embarrasse de connaître ses
» devoirs , ou de reconnaître ses rapports avec les
» autres. »

Turgot échoua , comme on sait. C'est que pour
asseoir un système de réformes sur une base large et
solide, il fallait que la faux destructrice de la révolution eût passé par là. Il fallait , pour préparer les
esprits, cet étrange concert de doctrines philosophiques
et politiques, religieuses et anti-religieuses, critiques,
organisatrices et désorganisatrices , qui forment ce
qu'on appelle , dans l'histoire des opinions humaines,
le 18e siècle.

Nous allons tâcher maintenant d'étudier l'action
révolutionnaire en tant qu'elle s'attache à fonder un
nouveau droit municipal.

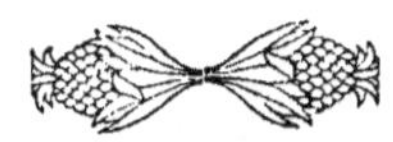

CHAPITRE IV.

§ I.

Résumé de ce qui précède. — De la division territoriale et administrative de la France sous la Constituante et la Convention. — Système municipal et départemental de ces deux assemblées jusqu'à la constitution de l'an III.

En résumé, voici l'état de la division judiciaire, administrative et territoriale de la France lors de la réunion des États-Généraux en 1789.

Sous le rapport judiciaire, la France se divisait en ressorts de parlemens inégaux, disproportionnés, tellement que le parlement de Paris avait fini par englober, dans sa juridiction, un tiers du royaume. On voyait des parlemens qui avaient, sous leur autorité des provinces, de lois et de coutumes différentes. Les parlemens se divisaient en présidiaux, et les présidiaux en baillages et sénéchaussées; lesquels avaient, sur beaucoup de points, une grande analogie avec nos tribunaux civils de première instance.

Sous le rapport administratif, la France se divisait en provinces ou gouvernemens militaires. Outre le gouverneur, qui, nonobstant ses attributions militaires, était le principal délégué administratif du roi dans la province, il y avait encore, dans chaque capitale de province, de hauts fonctionnaires administratifs appelés intendans.

La province se subdivisait en baillages ou sénéchaussées.

Dans chacune de ces circonscriptions il y avait, comme chef administratif, un lieutenant général, lequel avait non-seulement un certain pouvoir administratif, mais encore un pouvoir judiciaire; car il était le président de la justice du baillage.

Au-dessous de cette division étaient les communes ou paroisses.

J'ai observé que le droit privé variait de parlement à parlement, voire même dans le ressort d'un même parlement. Dans le système administratif, il y avait, si l'on veut, moins de variété, mais là aussi l'unité

manquait ; car, à côté d'une province qui était pays
d'État, il y en avait une qui était pays d'élection, et
une autre complètement sous l'autorité royale. A côté
d'une commune qui conservait quelques restes de
priviléges, il y en avait une autre qui était complètement ville de prévôté.

Le désordre était au fond de tout cela.

La grande pensée de la Constituante fut de faire
pénétrer, dans toutes les parties de la nation, un droit
commun fondé sur des principes de liberté, d'égalité
et d'unité.

Désormais, on ne devait plus voir de coutumes de
Normandie, de Bretagne, d'Auvergne, d'Artois, etc.,
des pays de droit coutumier et des pays de droit écrit,
il ne devait plus y avoir qu'un même code de droit
public et de droit privé pour toute la France.

Les habitans de ce beau pays ne devaient plus être,
l'un Provençal, l'autre Bourguignon, l'autre Flamand ;
tous devaient être Français.

En réalité, les provinces avaient été d'anciens états
divers réunis à la couronne de France par alliance (1),
testament (2) et conquêtes (3). Dans ces réunions,
chaque province n'avait pas complètement abdiqué

---

(1) Par exemple la Bretagne, Charles VIII épousa l'héritière des ducs de Bretagne.

(2) Le dernier souverain du Dauphiné Humbert légua sa
principauté à Philippe de Valois, en 1349.

(3) La Guienne, par exemple.

son individualité ; elle avait conservé quelques-uns des caractères de sa nationalité propre. De là, des divergences dans la langue, les lois et les mœurs ; divergences dont il reste encore quelques faibles traces. Avec le temps ces divergences s'étaient considérablement amoindries sous l'empire de la monarchie absolue. La Constituante les effaça presque entièrement. Ainsi, à partir de cette époque, plus de douanes intérieures. Les coutumes furent conservées, mais seulement jusqu'à la promulgation de nouvelles lois civiles. On substitua une nouvelle division par départemens, à l'ancienne division provinciale ; et, pour opérer cette nouvelle division, on n'eut pas le moindre égard aux circonscriptions des provinces.

Ainsi, fut abolie la province et constitué le département. Tous les départemens eurent une même constitution administrative ; il en fut de même des communes. Mais, sur ce dernier point, la Constituante ne fit pas ce qu'elle avait fait pour la division provinciale ; elle conserva les anciennes circonscriptions des communes et des paroisses. J'espère démontrer plus bas que l'Assemblée nationale aurait dû innover aussi sur ce point.

Pour compléter la partie historique de notre droit municipal, à cette époque, je vais présenter le résumé de la délibération de l'Assemblée constituante sur ce sujet.

Ce fut Thouret qui fut chargé de faire le rapport. M. Mignet prétend que ce ne fut cependant pas lui qui, le premier, conçut cette mesure ; mais bien le grand publiciste de l'assemblée, l'abbé Sieyes (1).

« Sieyes, dit M. Mignet, qui avait érigé le tiers-état
» en nation, par sa fameuse brochure, qui venait de
» constituer le gouvernement de la classe moyenne en
» substituant l'assemblée des communes aux États-Géné-
» raux du royaume, remania un peu plus tard la France,
» de fond en comble, en brisant les anciennes pro -
» vinces, qu'il fit diviser par départemens. Le premier
» de ces changemens contenait la révolution de la société;
» le second, celle du gouvernement ; le troisième, celle
» du territoire et de l'administration.

» Quoique cette dernière mesure ait été présentée à
» l'assemblée constituante par Thouret, elle était l'œuvre
» de Sieyes, il y tenait comme à une propriété exclu-
» sive, et je me souviens que lui ayant demandé, après
» 1830, s'il n'était pas le principal auteur de la France
» par départemens? — Le principal, me répondit-il
» vivement et avec un juste orgueil, mieux que cela,
» le seul ! »

Quoi qu'il en soit de cette assertion de l'abbé Sieyes,
il faut rendre à chacun ce qui lui est dû, et s'il est
vrai, comme on le prétend, que Thouret n'a pas
été le premier à concevoir cette grande mesure, c'est

----

(1) Voyez une notice sur Sieyes, par M. Mignet,
secrétaire perpétuel de l'académie des sciences morales et
politiques. Cette notice fut lue devant l'académie, dont
Sieyes, qui venait de mourir, était membre. On la trouve
dans un numéro de *La Revue des Deux Mondes*.

lui qui a le plus puissamment contribué à la mettre à exécution, tandis que Sieyès ne voulut pas prendre part aux travaux du comité nommé à cet effet par l'assemblée constituante.

Voici à peu près et très-succinctement le rapport de Thouret.

Il traite, dans un même jet, du système électoral et de la division administrative et territoriale ; il a raison, ces matières ont entre elles une grande connexité.

Partant donc de cette idée que le système de la représentation nationale et de la division territoriale doivent marcher de front, il prend les trois bases suivantes :

1° Une base territoriale ; la France serait divisée en quatre-vingts divisions administratives, appelées départemens. Chaque département aurait une superficie d'environ 324 lieues carrées, à l'exception du district central qui ne serait composé que de Paris et de sa banlieue.

Chaque département serait divisé en neuf districts qui auraient le nom de *communes*. Chaque district comprendrait une surface d'environ 36 lieues carrées. Suivant le rapporteur, organe du comité, les communes seraient de véritables unités ou élémens de l'empire français, il y en aurait en tout 720.

Chaque commune serait divisée en 9 cantons, chacun de 4 lieues carrées, ce qui, en tout, donnerait 1,480 cantons.

Au canton serait l'assemblée primaire chargée de choisir les électeurs qui nommeraient les députés à l'assemblée nationale.

2° La seconde base que prend le rapporteur est une base personnelle ou de population qu'on doit, selon lui, combiner avec la base territoriale. Cette base était prise par le comité en vue de l'établissement du nouveau système électoral que la Constituante voulait donner à la France. Thouret suppose que le taux moyen de la population est de mille personnes par lieues carrées. C'est sur cette donnée qu'il se propose de baser le projet qu'il est chargé de présenter à l'assemblée.

3° Enfin, la troisième base que prend le comité est une base de contributions.

Le rapporteur pense que la proportion des contributions directes doit entrer jusqu'à un certain point dans celle des députations, par la raison, que le pays qui contribue le plus aux besoins et au soutien de l'établissement public doit avoir une part proportionnelle dans le régime de cet établissement. «Le rapport » des contributions est nul sans doute, dit le rapporteur, » lorsqu'il s'agit de balancer les droits politiques d'indi-

» vidu à individu , sans quoi l'égalité proportionnelle se-
» rait détruite , et l'aristocratie des riches s'établirait.
» Mais cet inconvénient disparaît en entier lorsque le rap-
» port des contributions n'est considéré que par grandes
» masses et seulement de province à province. Il sert
» alors à proportionner les droits réciproques des cités
» sans compromettre ceux des citoyens. »

Ainsi , dans le canton serait l'assemblée primaire ;
dans la commune ou district , la réunion des électeurs
délégués par les assemblées primaires. Ces électeurs
choisiraient des délégués , dont la réunion au chef-
lieu du département formerait le collége électoral qui
nommerait des députés à l'assemblée nationale.

Voilà pour le système électoral sur lequel il est
inutile d'ajouter ici de plus longs développemens.

Passons maintenant à la constitution du département
et de la commune telle que l'entendait le rapporteur,
organe du comité.

Suivant lui , les assemblées du département et de
la commune seront chargées de cette partie du pouvoir

exécutif qu'on désigne ordinairement par le terme d'administration.

Ces assemblées seront permanentes et se renouvelleront tous les deux ans par moitié.

I. Chaque administration pourrait être divisée en deux sections. La première serait le conseil et comme la législature de la commune; et la seconde, chargée de la partie exécutive, en serait le vrai corps agissant sous le titre de directoire provincial.

II. Au chef-lieu de la commune, il y aurait une assemblée divisée pareillement en deux sections, l'une pour le conseil, l'autre pour l'exécution. L'assemblée de la commune ou district serait soumise à l'assemblée départementale, tout comme cette dernière le serait au pouvoir exécutif central.

Dans leurs relations avec le pouvoir exécutif, il paraît, dit le rapporteur, nécessaire qu'il soit statué constitutionnellement, et par des dispositions expresses, 1° que les membres des assemblées de district et de département sont dans la classe des agens du pouvoir exécutif et les dépositaires de l'autorité du roi pour administrer en son nom et sous ses ordres.

2° Qu'elles ne pourront exercer aucune partie de la puissance législative ni judiciaire.

3° Quelles ne pourront ni accorder au roi, ni créer, à la charge des provinces, aucune espèce d'impôt pour quelque cause et sous quelque dénomination que ce soit.

4° Qu'elles ne pourront en répartir aucune que jusqu'à concurrence de la quotité accordée par le corps législatif, et seulement pendant le temps qu'il aura fixé.

5° Qu'elles ne pourront être traversées ni arrêtées dans leurs fonctions administratives par aucun acte du pouvoir judiciaire.

Telles étaient les conclusions du rapporteur au sujet de l'organisation du district et du département. Relativement aux municipalités, ou gouvernement local, dans toute la force du terme, Thouret est peu précis, peu clair. Ainsi, partout et toujours, par le mot de gouvernement municipal ou gouvernement de la commune, on a voulu indiquer une et même chose. Pour Thouret, il n'en est pas ainsi, la véritable commune, selon lui, doit être le district, et le gouvernement municipal le gouvernement de la localité. Partant de cette idée, que je me contente d'exposer en ce moment, sans la critiquer davantage, il propose d'établir, dans chaque localité, village, paroisse, bourg, ville, et toute autre communauté de ce genre, une administration municipale organisée d'une manière analogue aux administrations supérieures, c'est-à-dire un conseil délibérant et un corps exécutif, que présiderait un maire.

Dans cette partie du rapport, qui manque de vues systématiques, tandis que, pour ce qui concerne le district et le département, Thouret émet un système trop exclusif, on lit toutefois ces mots remarquables : « Au lieu d'atténuer la vigueur nationale en divisant » le peuple par petites corporations, dans lesquelles » tout sentiment généreux est étouffé par celui de l'im-

» puissance, créez plutôt de grandes agrégations unies
» par des rapports habituels. Confians et forts par cette
» union; grandissez les sphères où se forment les
» premiers attachemens civiques, et que l'intérêt de
» communauté, si voisin de l'intérêt individuel, si
» souple sous l'influence des hommes à crédit, quand
» ses moyens sont faibles et son objet très-borné, se
» rapproche davantage de l'esprit public en acquérant
» plus de puissance et d'élévation. »

On le voit, le rapporteur tâtonne. D'un côté, il ne
veut pas qu'on divise le peuple en de trop petites corporations; et, d'un autre côté, il fait de chacun de
ces bourgs et villages une communauté à laquelle il
donne une administration municipale.

Mais, tout en convenant avec le rapporteur que le
gouvernement municipal eût été sur une trop large
échelle, si on l'avait appliqué au district, et tout en
disant avec lui *qu'il ne faut pas atténuer la vigueur
nationale en divisant le peuple par petites corporations*, il nous semble : que ce à quoi on devait
s'attacher c'était de chercher une division intermédiaire
telle que son peu d'étendue pût permettre d'entrer dans
les détails administratifs, et qui fût en même-temps
assez grande pour qu'on pût y former des mœurs et
des attachemens civiques.

Il est étrange que le rapporteur n'ait pas vu que le
canton pouvait très-bien remplir ce but; c'était là
une conséquence naturelle, et l'on est étonné qu'elle
échappe à l'esprit si net et si juste de l'illustre représentant de Rouen, surtout quand on considère que

son but était de faire cadrer le système électoral avec la division administrative, qu'il prenait le département et le district pour deuxième et troisième degré du système électoral, que le canton était le premier degré de l'échelle, puisque c'était par cantons que devaient se réunir les assemblées primaires. Cependant Thouret ne voulait pas accorder à cette circonscription territoriale une importance administrative correspondante à son importance électorale comme il l'avait fait pour le département et le district.

Mirabeau, tout en convenant avec Thouret et le comité de la nécessité d'adopter un nouveau système de division administrative et territoriale, n'admettait cependant pas le plan qui vient d'être exposé. Il le trouvait trop systématique. « Il voulait bien une di- » vision matérielle, et de fait propre aux circonstances, » mais non point une division mathématique et idéale, » et dont l'exécution lui paraissait impossible. » Il avait raison, en ce sens qu'on ne peut pas opérer la division d'un empire exactement symétrique, si je puis m'exprimer de la sorte. Mais il se méprenait sur le sens du rapport, qui ne demandait pas absolument que les départemens fussent égaux, que les districts fussent égaux, etc., etc. Mais à peu près égaux.

« On propose, poursuivait Mirabeau, quatre-vingts » départemens, sept cent vingt communes, et mille » quatre cent quatre-vingts cantons. Pour moi, je ne » voudrais ni cantons, ni communes. Au lieu de quatre- » vingts départemens, je voudrais en former cent vingt. » En augmentant ainsi le nombre des grandes divi-

» sions, il ne serait pas nécessaire d'avoir des *communes*
» que je regarde comme un intermédiaire inutile. On
» communiquerait, des villes et des villages, au chef-
» lieu du département ; et de chaque département, au
» pouvoir exécutif et à l'assemblée nationale. Il me
» semble qu'il y aurait alors plus d'unité, plus d'en-
» semble, que la machine serait moins compliquée,
» que ses mouvemens seraient plus réguliers, plus ra-
» pides. »

Voici à peu près comment se résume le système
que Mirabeau opposait à celui de la commission.

I. La France sera divisée en cent vingt départemens
égaux, autant qu'il sera possible, en population et en
importance. L'égalité de population suppose environ
trente-six mille citoyens actifs et deux cent mille
individus. La ville de Paris, sortant à cet égard, des
règles ordinaires, ne fera qu'un département.

II. Quoique l'ancienne division par provinces ne
doive pas subsister à l'avenir, l'arrondissement de
chaque département sera déterminé de manière qu'il
ne comprenne pas des habitans de diverses provinces,
à moins qu'il ne s'agisse de quelque fraction peu considérable.

III. On distinguera, dans chaque département,
deux sortes d'assemblées ; l'assemblée d'administration et l'assemblée d'élection pour la représentation
nationale. Ces deux sortes d'assemblées seront inégales
en nombre.

IV. L'assemblée d'administration de chaque département sera formée des députés de chaque village et

de chaque bourg compris dans le département, savoir :
d'un député sur cinq cents citoyens actifs, de deux sur
mille, et ainsi de suite dans la première proportion.
Tel était le système de Mirabeau.

Malgré l'autorité du grand orateur dans l'assemblée,
son opinion ne prévalut pas, on lui préféra les conclusions du comité, qui furent cependant modifiées.

Voici, en peu de mots, l'exposé de la législation
qui fut adoptée sur ce point par l'assemblée constituante.

La France fut divisée en 80 départemens.

A la tête de chaque département était une assemblée
administrative composée de trente-six membres.

Cette assemblée se divisait en deux sections. L'une
chargée de la partie active, portait le nom de directoire de département; elle se composait de huit
membres ; ces huit membres étaient élus par les 56
membres, qui composaient l'assemblée générale; cette
dernière avait le pouvoir délibérant.

Chaque année, le conseil général du département
tenait une session pour fixer les règles de chaque

partie de l'administration, ordonner les travaux et les dépenses générales du département, et fixer les comptes du directoire.

Le directoire était en permanence pour l'exécution des affaires; il était élu pour deux ans.

Pour donner de l'impulsion et de l'unité aux rouages de cette machine, déjà très-compliquée, la Constituante décida qu'il y aurait dans chaque département un procureur-général, lequel serait nommé, par le conseil, au scrutin individuel et à la pluralité absolue des suffrages. Ses fonctions devaient durer quatre ans (1).

La Constituante divisa les départemens en districts et les districts en communes (2).

Le district fut constitué à peu près de la même manière que le département. A sa tête était une administration collective composée de douze membres. Elle était divisée en deux parties, dont l'une, composée de quatre membres, était chargée de l'exécutif.

Auprès de chaque administration de district était un procureur syndic chargé de fonctions analogues à celles du procureur général du département. (3)

---

(1) Voyez Foucart. (*Élémens du Droit public et administratif.*)

(2) Comme on le voit ici, la dénomination de commune ne fut pas prise dans le sens du rapporteur. On lui substitua celle de district, et l'on donna le nom de communes aux villes, paroisses et communautés de campagne.

(3) C'était une sorte du ministère public administratif.

La division judiciaire qu'établit la Constituante ne fut pas tout-à-fait calquée sur le modèle de la division administrative.

Au sommet du pouvoir judiciaire était la cour de cassation. Plus de parlemens, plus de présidiaux.

Dans chaque district, un tribunal qui remplaçait l'ancien bailliage. Les appels étaient portés d'un tribunal à l'autre. Au-dessous, les juges de paix, juridiction de création nouvelle ; il y en eut un dans chaque canton. Ainsi, le canton, qui formait une division intermédiaire entre le district et la commune n'était pas une circonscription administrative, mais une circonscription judiciaire et électorale.

Quant à la commune, voici comment l'assemblée nationale l'organisa.

Et d'abord, qu'entendait-elle par commune? La définition qu'elle en donne est celle-ci :

« Les citoyens français, considérés sous le rapport » des relations sociales qui naissent de leur réunion » dans les villes ou dans de certains arrondissemens du » territoire des campagnes, forment la commune. »

Cette définition est un peu vague, et je lui préfère, à beaucoup d'égards, quoiqu'incomplète et fautive aussi, celle qu'a donnée la Convention dans la loi du 10 juin 1793. Aux termes de cette loi : « Une commune » est une société de citoyens unis par des relations » locales, soit qu'elle forme une municipalité parti- » culière, soit qu'elle fasse partie d'une autre muni- » cipalité. »

Cette définition s'applique au système de la Constituante comme au système de la Convention , parce que , sous l'empire de l'une et l'autre assemblée , les circonscriptions ne furent pas changées , ou pour mieux dire les deux définitions se complètent l'une par l'autre et nous font voir qu'on voulait englober dans un même système et les communes urbaines et les communes rurales ; sans cela, en effet , il ne pouvait y avoir d'unité.

Dans chaque commune il y eut un corps municipal, composé d'un maire et de deux ou plusieurs autres membres , suivant l'importance de la population. Quand la commune avait plus de 100,000 habitans, le nombre des membres du corps municipal devait s'élever à vingt-et-un.

Le maire et les autres membres du corps municipal étaient élus par tous les citoyens de la commune capables d'exercer les droits politiques. Or, ce nombre d'électeurs était considérable ; car le système politique et tout le gouvernement étaient conçus sur une base beaucoup plus large et beaucoup plus démocratique que de nos jours.

Voici à peu près comment étaient divisées les attributions entre les membres du corps municipal : dans toute commune où le corps municipal était de plus de trois et cinq membres , le tiers des membres, au nombre desquels était le maire, formait un bureau chargé immédiatement de tous les soins de l'administration. Dans les communes dont le corps municipal n'était que de trois ou cinq membres , c'était le maire seul qui remplissait ces fonctions. Les membres du bureau , réunis aux autres membres du corps municipal, formaient le conseil municipal de la commune, qui délibérait sur tout ce qui était relatif à la gestion des affaires municipales. Mais quand il s'agissait de vérifier ou d'arrêter les comptes du bureau, le conseil municipal n'admettait pas les membres du bureau à la délibération.

Outre le corps municipal, il y avait encore un conseil général de la commune. Il était composé, 1° de tous les membres du corps municipal; 2° de notables en nombre double de celui des membres du corps municipal. Ils étaient élus par les mêmes électeurs, et ici, j'observerai en passant que la loi municipale qui nous régit actuellement a conservé quelque chose d'analogue à cette assemblée des notables; mais ils sont recrutés par le cens et non par l'élection.

Pour donner l'impulsion à cette organisation compliquée, on établit, à l'instar de ce qu'on avait fait pour le département et le district, un procureur de la commune, qui pouvait avoir un ou plusieurs substituts, suivant l'importance de la population.

Les corps municipaux étaient subordonnés aux administrations de département et de district.

La constitution de 93 conserva presque entièrement cet état de choses; mais cette constitution ne reçut pas d'application; car elle fut suspendue presque immédiatement par ceux-là même qui l'avaient faite. Alors la Convention plaça les administrations municipales, celles de district et de département sous la surveillance du comité du salut public, et, par ce moyen, elle étendit sur toute la France le réseau de son despotisme dictatorial.

Je dois dire toutefois, pour être exact, que l'organisation administrative des communes fut un peu modifiée et par la constitution de 93, et plus encore par la loi de vendémiaire an II, qui déclara le gouvernement révolutionnaire jusqu'à la paix, et plaça tous les corps constitués sous la surveillance du comité du salut public, lequel rendait compte tous les huit jours à la Convention.

Par le décret du 14 frimaire suivant, qui organisa le gouvernement révolutionnaire, la Convention remplaça les procureurs des communes et leurs substituts par des agens nationaux chargés de requérir et de poursuivre l'exécution des lois, de dénoncer les négligences et les infractions. Ils correspondaient tous les huit jours avec les agens du district.

Tout cela était transitoire, justifié par des nécessités de circonstance, et ne pouvait, de l'aveu même des conventionnels, entrer dans les élémens d'une organisation durable : aussi ne m'y arrêterai-je pas davantage. C'est seulement au système de la Constituante que je veux donner mon attention.

En thèse générale, il mérite des éloges comme tout ce qu'a fait cette illustre assemblée. Mais, d'un autre côté, il est sujet à des critiques très-graves.

L'idée de faire disparaître l'ancienne division provinciale, et de lui substituer la division par départemens, est une idée dont l'application a eu des résultats admirables. Le département n'est une unité administra-

tive ni trop grande ni trop petite. Il ne peut donc,
dans sa sphère d'action, contrebalancer le gouvernement national, former un état dans l'état, et en même
temps, par son étendue, il peut se prêter à l'administration pratiquée sur une échelle assez élevée. Mais
on n'en saurait dire autant de la sous-division du
département en district. Je dirai pourquoi quand je
parlerai de l'arrondissement actuel qui a remplacé le
district.

Il y aurait aussi bien des critiques à soulever contre
la circonscription communale établie par la Constituante, circonscription qui est encore en vigueur
aujourd'hui, et qui n'a eu que des modifications d'application. Comme j'ai déjà eu soin de le dire, la Constituante ne voulut pas faire table rase de cette partie des
anciennes institutions comme du reste. Elle abolit les
anciennes chartes des communes, les ordonnances
royales rendues à cet effet, en un mot tout notre ancien
droit municipal avec ses sociétés municipales inom-
brables; mais elle conserva les anciennes circonscriptions, et, à cause de cela, elle produisit sur ce point
une législation tout à fait irrégulière. En disant «qu'il
» y aurait une municipalité dans chaque ville, bourg,
» village ou communauté de campagne, » elle reconnaissait en France plus de quarante mille communes.
Aussi quand il fallut mettre la loi et la constitution à
exécution, des difficultés d'application ne tardèrent pas
à surgir. Pour faciliter l'administration dont les forces
étaient trop éparpillées, on fut obligé de réunir dans
les campagnes plusieurs des anciennes communautés

ou paroisses en une seule commune. La plupart
étaient trop petites. Mais on ne put de prime abord
opérer ces réunions d'une manière complète, à cause
des intérêts distincts qui se produisirent. Ainsi la
commune qu'on faisait disparaître se trouvait avoir
des biens qui lui appartenaient en propre, tels que
des communaux ou des établissemens publics : une
église, un four banal, par exemple. On ne pouvait
sans injustice dépouiller cette *section* au profit de la
nouvelle commune. Pour résoudre ces difficultés on
essaya d'emboîter plusieurs communes dans une seule
municipalité. Mais, comme toutes les institutions
qui manquent d'un premier jet, ce système fonctionna
mal, et la situation respective de ces diverses personnes
morales ayant été mal saisies, leurs relations furent
mal réglées.

Malgré ces réunions partielles, la commune restait
toujours trop petite, ce qui nuisait à la bonne gestion
de ses intérêts ainsi qu'au gouvernement de l'État qui
ne pouvait trouver, dans les magistrats municipaux,
des agens capables de le seconder.

Ainsi, dans l'opinion que je viens d'émettre, le
système de la Constituante est fautif quant à la circonscription communale et quant à la division du département par districts; mais la division par départemens
est un coup de génie; elle restera tant qu'il y aura
dans ce pays compris entre l'Océan, les Pyrénées, la
Méditerranée, les Alpes et le Rhin, une nation qui
s'appellera la France. Et ce qui témoigne le plus en
sa faveur, c'est qu'elle a traversé, sans s'altérer, tous
nos orages politiques.   9

Ce que je viens de dire de la circonscription départementale établie par la Constituante, on ne saurait le dire de l'organisation interne du département qu'à créée cette assemblée. Elle a des défauts intrinsèques, et elle concorde mal avec le gouvernement général établi par la constitution de 1791. Ainsi l'on a vu plus haut qu'on faisait dépendre des ministres les administrations de département, et les ministres n'avaient pas un agent auprès de ces administrations, pas même le procureur général du département, lequel était élu par les électeurs qui choisissaient les membres du conseil administratif.

Évidemment dans un pays où l'on travaillait à fonder l'unité et où l'on voulait y parvenir par le moyen de la centralisation dans le pouvoir exécutif, c'était une anomalie.

Mais ce n'était là que le moindre défaut de cette constitution départementale, elle en avait un autre bien plus grand. (1)

---

(1) Qu'on ne s'étonne pas si j'insiste sur tous ces détails. J'aime à citer les discussions de l'assemblée constituante (la plus grande assemblée délibérante qu'ait vu le monde.) En général ses théories sont justes, elle a l'instinct du génie politique et social de la France ; et celui qui suivrait ses doctrines serait progressif, même aujourd'hui. Elle s'est trompée quelques fois sans doute. Quelle est la puissance humaine, homme ou assemblée qui ne se trompe pas. Malgré cela c'est toujours se donner un spectacle attachant, dans un sujet comme celui-ci, que de se reporter aux délibérations

La Constituante avait établi des administrations collectives, des directoires à la tête desquels était un membre qui n'avait qu'un droit de présidence dans le sens que nous attachons à ce mot. C'était un grand défaut. Je comprends que dans de certains pays, dans les républiques surtout, on divise les attributions du pouvoir exécutif entre les mains de beaucoup de personnes. C'est ainsi que cela se pratique aux États-Unis. (1) Mais il faut bien remarquer une chose, on

____

d'un corps qui a abordé tous les points de l'organisation politique et sociale, et pour ce travail a mis en action toutes les lumières du dix-huitième siècle.

(1) « Les fonctions publiques sont extrêmement nom-
»breuses et fort divisées dans la commune américaine :
»cependant la plus grande partie des pouvoirs administratifs
»est concentrée dans les mains d'un petit nombre d'individus,
»élus chaque année, et qu'on nomme les *Select-menn*.

« Les *Select-menn* sont élus tous les ans au mois d'avril
»ou de mai. L'assemblée communale choisit en même temps
»une foule d'autres magistrats municipaux, préposés à
»certains détails administratifs importans. Les uns sous le
»nom d'assesseurs, doivent établir l'impôt ; les autres sous
»celui de collecteurs, doivent le lever. Un officier appelé
»constable est chargé de faire la police, de veiller sur les
»lieux publics et de tenir la main à l'exécution matérielle
»des lois. Un autre nommé le greffier de la commune, en-
»registre toutes les délibérations ; il tient note des actes de
»l'état civil. Un caissier garde les fonds communaux. Ajoutez
»à ces fonctionnaires un surveillant des pauvres, dont le

divise les attributions , c'est-à-dire que chaque nature
d'emplois est attribuée à un fonctionnaire spécial. Ainsi,
un , a la police ; l'autre, la voirie ; l'autre , la gestion
des fonds destinés aux secours réservés aux indigens.

»devoir fort difficile à remplir , est de faire exécuter la légis-
»lation relative aux indigens ; des commissaires des écoles
»qui dirigent l'instruction publique ; des inspecteurs des
»routes , qui se chargent de tous les détails de la grande
»et de la petite voirie , et vous aurez la liste des principaux
»agents de l'administration communale ; mais la division
»des fonctions ne s'arrète point là : on trouve encore parmi
»les officiers municipaux des commissaires de paroisse , qui
»doivent régler les dépenses du culte ; des inspecteurs de
»plusieurs genres , chargés les uns de diriger les efforts des
»citoyens en cas d'incendie ; les autres de veiller aux récol-
»tes , ceux-ci , de lever provisoirement les difficultés qui
»peuvent naître relativement aux clôtures ; ceux là , de sur-
»veiller le mesurage du bois , ou d'inspecter les poids et
»mesures.

« On compte en tout dix-neuf fonctions principales dans
»la commune. Chaque habitant est contraint , sous peine
»d'amende , d'accepter ces différentes fonctions ; mais aussi
»la plupart d'entr'elles sont rétribuées afin que les citoyens
»pauvres puissent y consacrer leur temps sans en souffrir de
»préjudice. Du reste , le système américain n'est point de
»donner un traitement fixe aux fonctionnaires. En général
»chaque acte de leur ministère a un prix : et ils ne sont
»rémunérés qu'en proportion de ce qu'ils ont fait. »

Alexis de Tocqueville. (*De la Démocratie en Amérique* ,
tome **1**.)

Mais dans sa sphère le pouvoir de chaque fonctionnaire est *un*, de cette manière on ne s'écarte pas de ce principe si rationnel ; *qu'agir est le fait d'un seul, délibérer est le fait de plusieurs*. Tandis que dans le directoire du département le pouvoir exécutif était un conseil, et l'ensemble de ce conseil exerçait collectivement toutes les branches de l'autorité municipale ; en sorte qu'on avait introduit la délibération dans l'action même. Or, c'était là un état de choses d'où ne pouvait résulter que lenteur et désordre.

Ce que je dis du département on peut le dire aussi du district et même de la commune dont l'organisation était encore plus compliquée.

Ainsi, quant à l'organisation du pouvoir actif dans le département, le district et la commune, il me semble que non-seulement elle ne convenait pas à une démocratie monarchique et centralisée, telle que l'avait établie la Constituante en France, mais ne conviendrait même pas à une démocratie républicaine et fédérative.

Quand on lit les discussions de l'assemblée nationale, on voit que ce qui préoccupait le plus vivement les constituans c'était le besoin d'unité. Mais il ne faudrait pas voir dans cette unité une simple impulsion de logique, l'application d'une théorie. La France révolutionnaire avait rompu avec les nations voisines, sa position internationale en Europe était devenue singulièrement critique, et quand la France eut brisé le trône de l'ancienne monarchie et fait tomber la tête d'un roi, les autres rois s'armèrent et marchèrent contre nous. C'est ce qui explique encore cette ardeur effrenée pour l'unité sociale en tout et pour tout qui caractérise la domination de la convention. « Alors , dit M. de » Cormenin , la France attaquée au nord et au midi , » sur ses flancs et sur ses rivages , se ramassa sur elle- » même , se hérissa de fer et de feu et se forma en » bataillon carré. »

« A un signe de Paris , les sociétés populaires re- » muaient tous les districts : chaque extrêmité de la » France tremblait et jetait des étincelles , comme le » dernier anneau de la plus longue chaîne frémit sous » le marteau de l'électricité.

« A mesure que la coalition serrait de plus près nos » frontières , que le midi prenait feu , que la Vendée » se soulevait , et que des conspirations sourdes et » violentes éclataient dans la capitale, la convention se » repliait sur elle-même, et levant de terre ses ennemis, » elle les étouffait dans ses bras puissants.

« De son sein s'élançaient dans tous les sens ses re- » présentans qui , revêtus de la redoutable majesté du » peuple souverain , déjouaient les complots des géné- » raux , dirigeaient les siéges , commissionnaient les » officiers , et ceints de l'écharpe tricolore , tiraient » l'épée et se ruaient sur l'ennemi en entonnant la » *Marseillaise*. A l'intérieur , ils mettaient les villes en » état de blocus , suspendaient les autorités , frappaient » des réquisitions , ordonnaient les mandats des payeurs, » convoquaient les clubs , inauguraient les banquets et » les fêtes , et pressaient les levées d'argent et la marche » des troupes. »

« De son côté la Convention à la fois offensive et

» défensive , rassemblait énergiquement tous les pou-
» voirs sous sa main. En comité de la guerre elle or-
» ganisait les armées, dressait les plans de campagne,
» dictait les instructions militaires , enjoignait les fleuves
» à passer , les vallées à combler , les montagnes à
» franchir , les villes à prendre, les rois à déposer , les
» peuples à délivrer et les traités à conclure ; elle ins-
» tituait et destituait les généraux, rédigeait les bulle-
» tins des victoires ; disait quelle armée , quel corps,
» quel capitaine , quel soldat avait bien mérité de la
» patrie. En comité du salut public elle prenait les
» mesures de haute police , décrétait les arrestations et
» préparait les mises hors la loi. En comité de finances
» elle frappait monnaie d'assignats , provoquait la ren-
» trée des impôts, tranchait les questions domaniales.
» En comité de législation elle surveillait les listes d'é-
» migrés , cassait les sentences des juges , et les arrêtés
» des districts et des administrations centrales , vidait
» les conflits avec la brièveté du commandement lé-
» gislatif , mandait les tribunaux à sa barre et statuait
» souverainement et sans appel. Ainsi la puissance légis-
» lative , exécutive et judiciaire accumulée dans les
» mêmes mains avait été portée. C'était là un despotisme
» occasionnel , jusqu'à l'exaltation de l'unité. » (1)

Tout cela, la Convention l'avait fait énergiquement ,
et il le fallait bien pour sortir de la position périlleuse
où se trouvait la France.

---

(1) De Cormenin (*Introduction au Droit administratif*).

La Convention avant de se séparer donna à la France une nouvelle constitution par laquelle elle introduisait un nouveau système municipal différent de celui qu'avait établi la Constituante. Dans le paragraphe suivant j'exposerai ce système.

§ II.

Du nouveau système municipal adopté par la constitution de l'an III. — Appréciation et critique de ce système. — De la constitution de l'an VIII et du système départemental et municipal qu'elle inaugure. — Appréciation et critique. — Tentatives de réformes sous la restauration. — Travaux des publicistes à cet égard. — Révolution de juillet jusqu'au système municipal qui nous régit aujourd'hui

La Convention dans les premiers temps de son existence avait fait une constitution (celle de 1795) qu'elle suspendit immédiatement quant à son exécution, s'en tenant au pouvoir dictatorial qu'elle avait reçu et qu'elle exerça d'une manière si terrible et si énergique par ses fameux comités. Elle proclamait le gouvernement révolutionnaire jusqu'à la paix , c'était alors seulement que la constitution de 1793 devait être mise en vigueur. Mais dans l'intervalle qui sépara le moment du vote de cet acte constitutionnel et le moment où la Convention fut sur le point de se séparer , l'expérience avait appris à la grande assemblée que cette constitution était inapplicable. Aussi elle lui en substitua une autre, celle du 5 fructidor an III , où comme je l'ai déjà dit le système départemental et municipal occupe une forte place.

Par cette constitution la division administrative et politique de la France par départemens est maintenue, mais la division du département en districts est abolie.

Le département se divise en cantons , le canton devient une circonscription administrative.

Voyons dans ce système ce que deviennent les communes. Elles ont beaucoup perdu de leur importance politique et administrative. Elles ne sont plus que des sections du canton.

Non-seulement on abolit l'administration du district, il ne lui reste pas même dans ce régime une importance judiciaire, il n'y a plus qu'un tribunal de première instance par département.

On sait que le directoire exécutif se composait de cinq membres, qu'il était renouvelé par cinquième tous les ans. A l'image de ce qu'on avait fait pour l'état , on établit à la tête de chaque département des administrations collectives de cinq membres qu'on renouvelait pareillement tous les ans par cinquième.

Les membres des administrations départementales étaient nommés par élection.

A la tête de l'administration départementale était un président. Le président était élu par les membres de l'administration.

Dans chaque département et dans le lieu où résidait l'administration départementale, il y avait un commissaire du directoire exécutif, qui était là comme une sorte de ministère public qui pouvait se faire communiquer toutes les affaires en délibération et toutes celles en cours d'exécution.

Les directoires de département se trouvaient hériter des attributions confiées précédemment aux administrations de département. Ainsi dans ce système, comme dans le précédent, c'est le pouvoir législatif, c'est-à-dire les Cinq-Cents et les Anciens, qui répartissait l'impôt entre les départemens et les administrations de département qui le sous-répartissaient non entre les districts, il n'y en avait plus, mais entre les nouvelles subdivisions du département, c'est-à-dire les cantons.

La constitution de l'an III subordonnait les administrations départementales aux ministres. Mais elle serrait ce lien hiérarchique plus fortement que ne l'avait fait la constitution de 91. Ainsi dans le système que j'expose actuellement les ministres pouvaient annuler les arrêtés pris par les administrations et les suspendre. Toutefois, pour dissoudre une administration départementale suspendue par les ministres, ou pour maintenir une annulation, il fallait l'assentiment formel du pouvoir exécutif central, c'est-à-dire du directoire.

Je passe au système municipal de l'an III, pour l'exposition duquel j'emprunte les termes même de la constitution.

« Toute commune dont la population s'élève depuis cinq mille habitans jusqu'à cent mille a pour elle une seule administration municipale. » (1)

« Il y a dans chaque commune dont la population est inférieure à cinq mille habitans un agent municipal et un adjoint. (2)

« La réunion des agents municipaux d'une commune forme la municipalité du canton. »

« Il y a de plus un président de l'administration municipale choisi dans tout le canton. »

« Dans les communes dont la population s'élève de cinq à dix mille habitans il y a au moins trois administrations municipales. — Dans ces communes la division des municipalités se fait de manière que la population de l'arrondissement de chacune n'excède pas cinquante mille individus et ne soit pas moindre de trente mille. — La municipalité de chaque arrondissement est composée de sept membres. »

« Dans les communes dont la population s'élève de cinq à dix mille habitans il y a cinq officiers municipaux. — Sept depuis dix mille jusqu'à cinquante mille. — Neuf depuis cinquante mille jusqu'à cent mille. »

« Il y a dans les communes divisées en plusieurs municipalités un bureau central pour les objets jugés indivisibles par le corps législatif. — Ce bureau est composé de trois membres nommés par l'administration

---

(1) Voyez *Constitution de l'an III* , (Art. 178).
(2) *Constitution de l'an III* , (Art. 179).

de département et confirmés par le pouvoir exécutif. » (1)

« Les membres de toute administration municipale sont nommés pour deux ans et renouvelés chaque année par moitié, ou par partie la plus approximative de la moitié, et alternativement par la fraction la plus forte et par la fraction la plus faible. »

Les administrations des cantons étaient soumises au directoire de département, l'autorité supérieure avait un agent près de chacune d'elles.

Voilà à peu près ce que statue la constitution de l'an III relativement à l'organisation municipale. La loi du 21 fructidor de la même année qui, sur ce point en est le complément, donne aux administrations de canton les attributions qui avaient été confiées par les constitutions précédentes aux municipalités.

Le système électoral de l'an III se liait intimement à la division administrative. Ainsi l'assemblée primaire était au canton, il y en avait plusieurs, mais il ne pouvait pas y en avoir moins d'une.

Toutes les fois qu'il s'agissait de faire un changement partiel ou total à la constitution, il fallait le concours des assemblées primaires.

Elles nommaient un électeur par chaque deux cents citoyens présents où absents ayant droit de voter; depuis 300 jusqu'à 500, elles en nommaient deux et ainsi de suite.

---

(1) *Id.* (Art. 180, 181, 182, 183, 184).

Tous les électeurs nommés dans les diverses assemblées primaires des cantons se réunissaient chaque année pour procéder à l'élection :

1° Des membres des deux conseils qui formaient le corps législatif, le conseil des cinq cents et le conseil des anciens.

2° Des membres des administrations de départemens.

5° Des grands jurés.

4° Des membres de la cour de cassation.

5° Des accusateurs publics.

Voilà le système électoral, municipal et départemental de l'an III, tel que j'ai cru pouvoir le résumer.

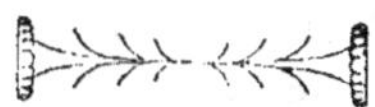

Au premier abord, on croit que la liberté républicaine et démocratique est dans la commune aussi bien que dans l'état, et ce qui donne le change à cet égard, c'est l'organisation des assemblées primaires, ce sont les élections !

Mais ici, les premières apparences sont trompeuses, et dans le département et dans le canton la liberté n'est

pas théorie, elle ne pouvait pas y être en pratique.
C'était un état de choses d'où il ne pouvait résulter
qu'une série de vexations pour les citoyens, un despotisme local, la tyrannie à la base de l'édifice politique, tandis qu'une liberté apparente semblait être au
sommet. C'est que l'élection populaire est bien un des
éléments essentiels de la liberté démocratique. Mais elle
ne suffit pas pour la produire ; la liberté résulte aussi de
l'équilibre politique qui consiste dans la division des
pouvoirs. Là où cette division n'existe pas, où une
certaine volonté exclusive domine, et simultanément
fait la loi, pourvoit à son exécution et juge, soit que
cette volonté émane d'un seul homme, soit qu'elle
émane d'une corporation, soit qu'elle émane d'une
assemblée, il y a despotisme, il n'y a pas de liberté.
Voyez la France sous la Convention, dans la forme,
elle avait un gouvernement républicain ; dans le fond ce
gouvernement était despotique, despotique à l'excès,
jusqu'à la tyrannie, pourquoi ? parce que la Convention avait absorbé tout les pouvoirs. Elle légiférait,
elle exécutait la loi, elle jugeait. Cet état de choses
eût été des plus odieux s'il n'eût été une dictature dont
la Convention usait pour le salut de la France. Aussi
les conventionnels eux-mêmes savaient bien que cela
ne pouvait constituer les conditions normales d'un peuple. Ils avaient proclamé le gouvernement révolutionnaire jusqu'à la paix. Mais quand ils virent que cette
situation devenait insupportable, ils firent la constitution de l'an III où ils établirent pour l'état l'équilibre
des pouvoirs d'une manière assez nette, assez tranchée.

Mais chose surprenante, quand ils en furent à constituer le département et la commune, ils oublièrent le principe de la division des pouvoirs. Ainsi , le directoire du département était à la fois un corps délibérant , et agissant. Il était même dans beaucoup d'occasions appelé à juger les cas administratifs. En un mot, il réunissait les attributions qui sont aujourd'hui partagées entre le conseil général , le préfet et le conseil de préfecture.

Même confusion dans l'organisation de la commune. Ainsi comme je l'ai déjà dit on avait établi la division des pouvoirs au sommet de l'état , et dans la commune on avait intrônisé quelque chose qui tenait du despotisme et de l'anarchie : du despotisme , en ce que l'assemblée qui gouvernait soit le département, soit le canton , confondait dans ses attributions des pouvoirs divers : de l'anarchie , en ce que le pouvoir exécutif était confié à des administrations collectives. Or, la constitution en ce qui concerne l'état avait sur ce dernier point le même vice que le département, que la commune. Sous le rapport de la division des pouvoirs, elle était supérieure à la constitution communale. Sous le point de vue de l'organisation du pouvoir exécutif elle avait le même vice, ce pouvoir était confié à plusieurs; ce fut là, sans contredit, une des causes du peu de durée de cette constitution.

Mais il faut le dire , la constitution de l'an III contient une idée heureuse c'est le canton substitué à la commune, ce qu'il y a de fâcheux c'est que la mise à exécution de cette idée fut manquée.

M. Dessauret, dans un ouvrage qu'il a publié sous la restauration, dans lequel il se montre partisan des municipalités cantonnales (et sur ce point je suis de son avis) a pourtant émis une opinion que je ne saurais partager. Il dit en parlant des cantons tels que les avaient faits la constitution de l'an III : « Ce fut une heureuse con- » ception que celle des administrations cantonnales » composées des agents des communes et se réunissant » sous la présidence d'un magistrat de canton. » Suivant cette idée il propose plus loin de composer le conseil cantonnal des maires des diverses communes qui composent le canton.

Je ne saurais adopter une telle opinion car elle est contraire au principe de la division des pouvoirs gé_ néralement admis dans les pays libres et qui est la source de toutes les garanties. Le système des municipalités cantonnales étant admis, que chaque commune, ou section de canton, nomme un représentant dont la réunion formera le conseil cantonnal, c'est très bien ! Mais que ce conseil soit composé de tous les maires, de tous les agents de communes, pour m'exprimer comme la constitution de l'an III, c'est je crois ce qu'on ne devrait jamais établir. A quoi sert en effet toute assemblée délibérante, qui, dans sa sphère d'attributions, a une autorité réelle ? à voter des subsides, a surveiller, critiquer même le pouvoir exécutif auprès duquel elle est placée. Cela étant, vouloir que les agents des communes subordonnés aux magistrats de cantons, puissent, réunis en assemblée, critiquer et diriger la conduite de leur chef ; qu'est-ce faire si ce n'est établir une hiérarchie , et au sein même de cette hiérarchie faire pénétrer systématiquement l'insubordination et le désordre.

Aussi la constitution de l'an III ne dura pas , et sous son empire périclita la centralisation administrative dont la Constituante avait posé les premières bases et dont la Convention avait si énergiquement resserré les liens. Le fédéralisme et le royalisme , la Vendée et les départemens dissidens relevaient déjà la tête; l'anarchie était dans les conseils, la désunion dans le Directoire , dans les départemens, dans les cantons. La guerre était au sein des sections de Paris , et l'on ne sait trop si dans de telles conjonctures le coup d'état du 18 brumaire n'a pas sauvé les deux grandes conquêtes de notre révolution , l'égalité civile et l'unité nationale , laquelle ne peut exister sans la centralisation. Or, Napoléon était un génie éminemment centralisateur. « Si la centralisation n'eût pas existé , » a dit M. de Cormenin, Napoléon l'eut inventée. Avec » le blocus continental , œuvre monstrueuse de son » génie , il tirait une ligne du fond de la Méditerranée » à Archangel ; il fermait à l'Angleterre les rivages des » mers ; il enchaînait ses métiers ; il coupait par le pied » ses fils de coton et ses câbles de fer ; il rasait ses » manufactures, il lui ôtait l'air et la vie , il l'asphyxiait. » Avec son code civil, que d'autres avaient conçu, mais » que lui seul sut achever , il éleva le monument » législatif des temps modernes, le plus durable par la » solidité de ses matériaux , le plus magnifique par la » simplicité de ses divisions , et le plus unitaire par

» la fusion de tous les systèmes du droit coutumier et
» du droit écrit. Il établit des corps de justice, pour
» peser sur le territoire d'un poids égal et uniforme,
» et des chefs dévoués pour répondre de ces corps. Il
» réglementa l'administration, la police, l'industrie et
» la pensée. L'Illyrie eût nos lois; les républiques de
» Brême, de Lubeck et de Hambourg, se gouvernaient
» par nos intendants; la Hollande, la Westphalie,
» Naples et l'Espagne, imitaient notre conseil d'état,
» et l'ancienne maîtresse du monde Rome elle-même,
» ne venait qu'à son numéro dans le rang de nos
» préfectures. L'amovibilité de 50 mille curés de
» campagne institués par des évêques que nommait
» Napoléon, plaçait les milices du clergé sous le joug
» de la centralisation. Les magistrats étaient plutôt les
» distributeurs d'une jugerie temporaire que de vérita_
» bles juges. L'armée fière de son glorieux général,
» disciplinée et assouplie à sa main, pliait sans mur-
» murer sous son commandement. La police surveillée
» par des contre-polices et non éventée par la presse,
» étendait sur toute la France le réseau de ses fils
» mystérieux et invisibles. « N'allez pas croire, disait
» Napoléon aux législateurs, que ce soit vous qui
» représentiez la grande nation. Non ce n'est pas vous,
» c'est l'armée qui m'obéit, c'est le sénat qui m'appar.
» tient, c'est le conseil d'état que je préside, c'est moi,
» je suis la France ! » Paroles non sans vérité, car
» alors le corps législatif et le sénat votaient au premier
» appel, vite et sans bruit, l'un le budget, l'autre les
» armées, et Napoléon, assis dans son conseil d'état,

» entouré des comités de la guerre et de la marine,
» de législation et de justice, des finances et de l'in-
» térieur, contrôlait ses ministres par les présidens
» des sections, légiférait et réglementait, faisait con-
» tinuellement sa ronde l'œil sur la carte de France,
» des Pyrénées à la Baltique, de la Méditerranée au
» Danube, du Tibre aux embouchures de la Loire,
» et centralisait sous sa main toutes les forces consti-
» tuantes, agissantes et pensantes de son vaste empire. »

Par le coup d'état du 18 brumaire, Bonaparte se
trouvait le chef de la nation, pour ne pas dire le
maitre. Il ne pouvait s'accommoder d'une constitution
aussi républicaine que l'était celle de l'an III. Il lui
en substitua une autre, celle du 22 frimaire an VIII,
que Sieyes rédigea en partie.

Suivant cette constitution, le pouvoir exécutif était
confié à trois consuls. Bonaparte était à la tête de ce
triumvirat et sa volonté prévalait exclusivement.

Un sénat conservateur composé de 80 membres était
chargé du maintien de la constitution.

Le pouvoir législatif était confié à une assemblée
composée de 300 membres. Ce corps était muet, il
votait, mais il n'avait pas d'initiative, il ne discutait
pas.

L'initiative des lois appartenait aux consuls. Elles
étaient rédigées en conseil d'état, puis présentées au
tribunat qui les discutait et exerçait même un certain
veto. Enfin elles étaient portées au corps législatif qui
les admettait ou les rejetait purement et simplement.

Le sénat conservateur nommait lui-même les membres du corps législatif ainsi que les membres du tribunat.

On le voit, dans cette constitution il y avait absence presque complète de libertés publiques et le peu qui s'y trouvait n'avait pas chance de durée. Aussi voyons-nous bientôt après, Bonaparte faire disparaître le tribunat et faire voter le sénatus-consulte organique de l'empire par un sénat qui usurpait des fonctions qui ne lui appartenaient pas aux termes de la constitution. Napoléon fut nommé empereur, des changemens profonds avaient eu lieu en France depuis 89, elle était fatiguée de révolutions ; elle tourna son activité vers la gloire militaire à laquelle elle sacrifia la liberté.

Ce qui frappe surtout dans la constitution de l'an VIII, c'est l'absence d'élections. Cette absence se fait profondément sentir, non-seulement dans la composition des grands corps de l'état, mais encore dans la constitution départementale et communale.

L'organisation établie par la constitution de l'an III disparut ; elle fut remplacée par la loi du 28 pluviôse an VIII qui maintint la division par départemens.

Le canton fut supprimé en tant que division administrative. On divisa le département en arrondissemens ; l'arrondissement remplaçait l'ancien district établi par l'assemblée constituante. Il redevint circonscription judiciaire et le canton ne resta que comme ressort du tribunal de paix.

Quand à l'organisation administrative. Voici quel fut le système de l'an VIII.

A la tête du département, il y eut un préfet agent principal du ministre de l'intérieur , chargé de surveiller toutes les administrations et d'en diriger lui-même plusieurs. Les préfets furent nommés par le premier consul et plus tard par l'empereur. Relativement à leurs attributions , ils héritèrent de celles des directoires de département en tant qu'elles se référaient au pouvoir exécutif.

Près du préfet était un conseil général dont les attributions ressemblaient à celles qui ont été conférées à nos conseils généraux de département par des lois récentes. Les membres du conseil général étaient nommés par le premier consul. Les conseils généraux héritaient des attributions délibérantes qu'avaient avant les directoires de département.

Dans chaque département , fut établi un conseil de préfecture qui était comité consultatif et qui connaissait en première instance des cas contentieux de l'administration , ou de certaines affaires de circonstance comme les ventes de biens d'émigrés. Mais ce n'étaient là que des attributions temporaires , exceptionnelles qui ne forment guère actuellement que de la jurisprudence historique ; car aujourd'hui , comme nous le verrons plus bas , la compétence des conseils de préfecture est exclusivement administrative.

Le conseil de préfecture eut les attributions de justice administrative qu'avaient eues auparavant les directoires de département , sous l'empire de la constitution de l'an III.

Suivant la constitution de l'an VIII , le département se subdivisait en arrondissemens.

A la tête de chaque arrondissement et sous la dé-
pendance immédiate du préfet, on plaça un sous-préfet.

« Le sous-préfet, dit l'article 9 de la loi du 28
» pluviôse an VIII, remplira les fonctions exercées
» maintenant par les administrations municipales et les
» commissaires de canton, à la réserve de celles qui
» sont attribuées, ci-après aux conseils d'arrondissement
» et aux municipalités. » Pour commenter cet article
de la loi du 28 pluviôse, il faudrait décomposer le
système administratif de l'an III et de l'an VIII. Ces
détails seraient trop longs et même superflus. Toujours
est-il qu'en fait, les sous-préfectures ne furent guère
que des bureaux de transmission entre les maires et
les préfets.

Près du sous-préfet fut un conseil composé de onze
membres nommés par le premier consul. Ce conseil
portait et porte encore le nom de conseil d'arrondissement. Quand il sera question d'exposer le système actuel
je ferai connaître ses attributions qui n'ont pas changé.

Les administrations de canton furent abolies, les
circonscriptions communales de la Constituante furent
retablies. Toutefois la nouvelle constitution communale
différa en beaucoup de points de celle qu'avait établie
la Constituante.

Le pouvoir exécutif de la commune fut donné à un
maire que remplaça en son absence un adjoint.

Près du maire était un conseil municipal. Les membres en étaient nommés par le préfet. Les attributions
des maires et des conseils municipaux étaient à très-peu
de choses près ce qu'elles sont aujourd'hui. Ils héri-

taient d'une partie des attributions conférées par la
constitution de l'an III aux administrations de canton.

Telle est, aussi simple qu'il m'a été possible de la faire,
l'exposition de l'organisation départementale et communale établie par la constitution de l'an VIII.

Cette organisation avait cela de bon qu'on y trouvait
des attributions bien déterminées et non ce cumul de
pouvoirs divers qui vicie le système départemental et
cantonnal de l'an III. Mais elle portait l'empreinte des
idées despotiques de celui qui était alors le chef de
l'état. L'élection en était totalement bannie et voici les
inconséquences qui résultaient de ce système. L'autorité
supérieure nommait le maire, la même autorité nommait le conseil ; il en était de même pour le département
et pour l'arrondissement. Il arrivait dès lors que ceux
qui étaient appelés à surveiller, à critiquer le pouvoir
exécutif, étaient nommés par ce pouvoir lui-même. Or,
cela est contraire aux principes des gouvernemens cons-
titutionnels modernes. Ainsi, il est de règle dans les
gouvernemens représentatifs que voter l'impôt est une
des attributions essentielles des corps constitués appelés à représenter les citoyens. C'est un démembrement
de la puissance législative qui ne saurait être confiée à
des corps dont les membres sont nommés par le pouvoir
exécutif.

Le système municipal et départemental de l'an VIII
survécut à l'empire et subsista pendant toute la restauration. Toutefois, plusieurs réformes furent tentées,
une entr'autres en 1821. A ce propos il y eut dans les
chambres un grand nombre de discours qu'il est encore

utile de consulter et qui ont même aujourd'hui quelque chose de plus qu'une valeur historique. Parmi tous je distingue ceux de MM. Lanjuinais et Kératry. Des magistrats, des publicistes donnèrent leur opinion, les érudits firent des recherches et tachèrent de rechercher les titres de l'ancienne liberté des communes.

« Tous les Français sont citoyens, écrivait M. » Henrion de Pensey ; et il n'y a pas une seule cité. »

« Tous les Français électeurs ou habiles à le devenir » peuvent donner à qui bon leur semble le droit » éminent de participer à l'exercice de la souveraineté, » et il leur est interdit de concourir au choix de leurs » propres agents, de ceux qui doivent régir des biens » et défendre des droits dont chacun d'eux est proprié- » taire par indivis. »

« Telle est dans les électeurs la confiance de la loi » qu'elle reçoit aveuglement de leur main les régulateurs » de la grande famille, et ces mêmes électeurs ne sont » point jugés capables de nommer leurs officiers » municipaux. »

Les publicistes les plus marquans de l'époque, quel que fut leur parti, donnèrent leur avis dans cette question : De Bonald, Benjamin Constant, Fiévée, Léber et M. de Barante en parlèrent beaucoup. M. de Barante surtout envisagea la question sous son véritable point de vue, et indiqua les principes d'une réforme à laquelle il n'aurait manqué, pour être complète, qu'une base plus démocratique. On voyait alors quelques libertés dans l'état et point de libertés dans les communes. Cela choquait, car c'était une incon-

séquence évidente. Dans cette partie de nos institutions,
rien n'avait été changé au despotisme impérial. Il
subsistait toujours avec sa centralisation abusive, ou
pour mieux dire, son despotisme. Les besoins d'une
réforme se faisaient sentir aux hommes d'une haute
raison, mais les masses s'en préoccupaient peu. La
cause de cette indifférence a été aussi indiquée par
M. de Barante, et voici ce qu'il écrivait à ce sujet en
1829. « Il ne faut pas s'étonner si la France s'est
» passée si facilement de toute institution communale,
» et si depuis quatorze années qu'elle a cessé d'avoir
» un gouvernement absolu, elle en a conservé sans
» impatience populaire tout le mécanisme administratif.
» Chacun pouvant jouir librement de sa personne, de
» sa propriété, de son industrie, n'a pas beaucoup à
» souffrir de la gestion administrative des intérêts de
» localité. Les constestations avec le fisc se règlent
» presque toutes d'après le droit commun devant les
» tribunaux ordinaires ; les impôts de répartition sont,
» il est vrai, sous la jurisdiction administrative, mais
» les bases de la contribution foncière, tout impar-
» faites qu'elles sont, sont assez fixes pour ne pas
» admettre beaucoup d'arbitraire. C'était la grande
» calamité de la gestion des intendans. C'était surtout
» pour se garantir de l'impudente iniquité des réparti-
» tions d'impôts, que l'on réclamait si vivement les
» administrations provinciales ; aujourd'hui, les ga-
» ranties contre la fiscalité sont placées ailleurs, elles
» résultent de la meilleure législation d'impôts qui
» existe en Europe. »

« Des chemins plus ou moins bien réparés, des
» constructions négligées, de très-petites dépenses mal
» faites, des jouissances communes en mauvais ordre,
» des conseils généraux ou municipaux qui votent
» des contributions sur des citoyens dont ils ne sont
» pas les délégués ; ce ne sont pas là de ces grands abus
» qui soulèvent les mécontentemens populaires. Chacun
» les remarque, sans doute, mais le simple citoyen
» n'ayant aucun moyen de les prévenir, n'ayant pas
» une action quelconque à exercer sur ce qui le touche
» de si près, n'en vaque pas moins aux soins de ses
» propres affaires, à l'exercice de son industrie et tâche
» de prendre sa part à la prospérité dont la France jouit
» en ce moment. »

« Mais il y aurait bien de l'imprévoyance à rester
» dans une telle situation, à se contenter de la lettre
» écrite de la charte sans rendre son esprit vivifiant,
» et à ne pas se soucier des intérêts de la commune
» sous prétexte que les intérêts de l'état et les droits
» des citoyens se trouvent suffisamment garantis. Ce
» serait risquer de si précieux avantages, et pour les
» conserver il faut les accroitre. Depuis la restauration
» tous les hommes sages n'ont cessé de le répéter, et
» l'expérience est venue, par de sévères avertissemens,
» confirmer leurs prudens conseils. En effet, comment
» pourrait subsister long-temps une contradiction ma-
» nifeste entre le mécanisme du gouvernement et le
» mécanisme de l'administration. Dans la charte de
» l'état, l'intervention des citoyens est admise comme
» principe fondamental ; le sort du pays remis en toute

» confiance à la délibération publique , elle décide les
» plus grands intérêts , elle alloue les dépenses , elle
» consent les 'impôts , il n'y a pas de lois sans son
» assentiment. Dans l'ordre administratif, au contraire,
» aucune représentation de citoyens ; leurs droits et
» leurs pouvoirs disparaissent. Une autorité unique
» consent parfois à entendre quelques avis ; mais elle
» a pour principe qu'en définitif il lui est toujours
» réservé de décider sur tout. »

« Libre dans les grandes choses, esclave dans les
» petites ; il y a quelque chose de contradictoire et
» d'absurde qui ne peut subsister. Il doit arriver de
» deux choses l'une. L'ordre politique mettra l'admi-
» nistration en harmonie avec lui , ou le régime
» administratif parviendra à dénaturer et à fausser le
» système de la charte. » (1) Voilà (2) ce que M. de

---

(1) De Barante. (*Des Communes et de l'Aristocratie.*

(2) Parmi les livres qui ont été publiés sous la restauration
au sujet de la réforme municipale, je ne dois pas oublier
d'en mentionner un qui a pour titre : *Du pouvoir municipal
selon la Charte* par M. Dessauret , aujourd'hui député du
Cantal. Ce livre qui date de 1828 dénotait, de la part de
l'auteur, des idées alors avancées en administration. Malgré
les profonds changemens qui se sont opérés depuis dans
notre législation administrative , l'ouvrage est encore utile
à consulter. L'auteur à qui des travaux plus importans ont
fait oublier cet opuscule (plus qu'il ne mérite de l'être), ne
trouvera pas mauvais que j'en rappelle quelques passages

Barante et beaucoup d'autres pensaient du système municipal alors en vigueur. On regrettait que le projet de loi de 1821 n'eût pas eu de suite en 1828. Le ministère d'alors s'en était très-vivement occupé. Mais il arriva un de ces reviremens de ministère qui, dans les pays où le gouvernement constitutionnel n'est pas bien assis, sont presque toujours fâcheux en ce qu'ils rompent le cours des affaires entreprises, et l'on ne s'occupa guère de remettre le projet de loi sur le tapis.

Quoiqu'il en soit, on peut dire que sous la restauration on s'est beaucoup occupé des questions d'organisation municipale, et parmi ceux qui réclamaient le plus vivement des priviléges communaux et provinciaux, on n'est pas peu étonné de trouver les royalistes *pur sang* qui demandaient aussi le suffrage presqu'universel à l'aide d'une élection à deux degrés. Toutefois la couleur populaire de ce parti ne trompait personne, on voyait poindre une arrière pensée qui fut bien dévoilée le jour où un député (1) vint à la tribune de la Chambre dénoncer la conspiration du gouvernement occulte. On s'aperçut bien alors que ces désirs de libertés provinciales et municipales étaient manifestées uniquement pour détruire la centralisation et l'unité, établir quelque chose de semblable à l'ancienne

---

dans le courant de cet ouvrage. Souvent je serai de son avis, il m'arrivera quelquefois aussi de ne pas adopter son opinion.

(1) M. Madier de Montjau.

division provinciale et provoquer le retour de l'ancienne aristocratie. (1) Le roi Louis XVIII voyant que cette tentative n'était bonne qu'à détruire l'unité du gouvernement et par suite sa force, désapprouva hautement une conspiration à la tête de laquelle se trouvait le comte d'Artois. Elle échoua ainsi qu'une autre tentative plus forte et plus avouée dont les conséquences furent la révolution de juillet.

Du reste, les libertés municipales telles que les concevaient les royalistes de la restauration n'avaient rien de commun avec les opinions des publicistes de l'école libérale. Ces derniers ne voulaient pas la décentralisation, mais la solution du problème politique dont le but est de la concilier avec une bonne administration municipale.

En juillet 1830, le principe de la souveraineté du peuple fut proclamé d'une manière bien éclatante. L'idée d'une charte concédée était inconciliable avec ce principe, aussi l'octroi royal et la charte de 1814 disparurent. On en fit une nouvelle qui au fonds ne fut que l'ancienne révisée et réformée sur quelques points. Mais le principe populaire avait reparu. On ne pouvait plus le méconnaitre, et il fallait qu'il pénétrât, au moins en germe, dans toutes les parties de

---

(1) En 1828, une réforme beaucoup plus libérale tentée par le ministère Martignac échoua ; le parti royaliste la trouvait trop avancée, le parti de l'opposition pas assez. Voyez les histoires de la restauration, de Capefigue et de Lacretelle jeune.

nos institutions ; c'est pour cela que la charte de 1830
promet des institutions départementales et communales
fondées sur un système électif. Ces promesses furent
jusqu'à un certain point réalisées par la loi du 21
mars 1831 sur l'organisation municipale , et par celle
du 22 juin 1832 sur l'organisation des conseils généraux et d'arrondissement.

La première de ces lois maintient les circonscriptions
communales existantes. Elle décide que les membres
des conseils municipaux seront élus par les habitans
de la commune qui rempliront certaines conditions
d'électorat qu'elle prescrit. Lors de la confection de
cette loi ; la question s'étant élevée de savoir si le
maire serait élu par les habitans de la commune ou
choisi par le gouvernement , on prit une décision
mixte et qui n'était autre que l'opinion émise par M.
Henrion de Pensey sous la restauration. « Dans notre
» organisation actuelle , dit ce magistrat, les maires
» des communes sont officiers de police judiciaire et
» de l'état civil, et l'administration leur confie la sur-
» veillance du recouvrement des impôts et l'exécution
» des mesures relatives à la conscription. »

« Envisagés sous ces trois points de vue , les maires
» sont tout à la fois, les mandataires de leurs com-
» munes , les agens de la loi et les délégués du gou-
» vernement. »

« Mais la réunion de ces fonctions diverses ne peut
» s'opérer soit par la seule volonté du gouvernement,
» soit par le fait seul des communes , sans mettre en
» opposition deux principes auxquels il est également
» impossible de porter la plus légère atteinte. »

« Et d'abord, le simple bon sens dit que le maire
» ne peut être choisi que par les habitans, et cela par
» un motif qui frappe les entendemens les plus com-
» muns. C'est que le mandataire et le mandant sont des
» corrélatifs nécessaires, et qu'il répugne aux notions
» les plus simples que celui qui n'a reçu aucun mandat
» d'une commune, stipule en son nom et s'en dise
» l'agent et le mandataire ; d'un autre côté, la charte
» constitutionnelle dispose que le roi seul nomme à tous
» les emplois de l'administration publique. »

« L'intérêt public, l'intérêt particulier des communes
» se réunissent donc pour provoquer une espèce de
» transaction entre les deux principes, dont l'un veut
» que tous les officiers municipaux et le maire lui-même
» soient choisis par tous les habitans, et qu'aucune
» branche de l'administration générale ne puisse être
» exercée sans une délégation expresse du roi. » En
conséquence, M. Henrion de Pensay propose comme
moyen de concilier ces deux principes, d'obliger
l'administration à choisir le maire parmi les conseillers
municipaux nommés par la commune. C'est ce qu'a
fait la loi de 1831.

Au 22 juin 1833 intervint une loi qui introduisait
pareillement le système électif dans la composition des
conseils généraux de département et des conseils
d'arrondissement. On fera connaître plus bas leur
organisation.

En introduisant l'élection dans ces deux parties de
nos institutions, le législateur n'avait pas tout fait,
il restait encore à fixer d'une manière nette les attri-

butions respectives des conseils généraux, d'arrondissement et municipaux. Et d'un autre côté celles des maires, des préfets et des sous-préfets, ainsi que les formalités à suivre pour la délimitation du territoire et le règlement des relations qu'ont les corporations administratives, soit avec l'état, soit avec les particuliers, soit entr'elles.

La loi du 18 juillet 1837 est venue régler l'administration municipale. Cette loi n'a pas innové, elle n'a fait que codifier les dispositions contenues dans diverses constitutions, lois, arrêts du conseil, décrets impériaux, ordonnances, dispositions qu'il fallait tirer au clair, car elles appartiennent à des lois qui se contredisent et s'abrogent, et portent toutes le cachet du temps qui les a vues naître et l'empreinte des passions politiques qui les ont enfantées. En codifiant, les législateurs de 1837 ont rendu un grand service, car ils ont facilité l'étude de cette partie de notre droit public. Mais la manière dont ils se sont acquittés de cette œuvre laisse beaucoup à désirer. D'abord, il s'en faut de beaucoup que la loi forme un code complet sur la matière. On voit, de plus en la lisant que le législateur perdait un peu de vue les principes de libertés proclamés en 1830, et qu'il se préoccupait beaucoup plus de renforcer le pouvoir. Au lieu d'harmoniser la centralisation administrative avec la liberté politique, il tranche la question ; il n'organise pas la centralisation, il se contente d'en faire un instrument du pouvoir exécutif. La chose ne lui était pas difficile sur ce point, il n'avait qu'à prendre ce

qu'avait produit le despotisme impérial et maintenu
la restauration.

Quand on lit dans le *Moniteur* la discussion de cette
loi, on la trouve assez scientifique, assez mesurée,
mais pâle et terne. Cependant le sujet était un des plus
importans de notre organisation politique et administrative. Malgré cela l'indifférence était grande dans les
Chambres. Des ministres, avides de pouvoir, savaient
en tirer parti. Cette discussion n'arrachait pas, non
plus, le peuple à son apathie, et voici ce qu'écrivait
lors des débats parlementaires, à ce sujet, un de nos
plus célèbres publicistes. « La discussion de la loi
» sur les municipalités se poursuit au milieu de l'in-
» différence du public et de l'indifférence non moins
» grande de la Chambre qui la vote. Il ne s'agit
» cependant de rien moins que de constituer la com-
» mune, c'est-à-dire de poser la base de tout l'édifice
» social. La commune, c'est l'état en petit. L'esprit
» qui préside à la formation de l'une, préside aussi,
» nécessairement à la formation de l'autre. On est plus
» ou moins libre, plus ou moins asservi dans l'état
» selon que la commune est plus ou moins libre, plus
» ou moins asservie. Il suffirait de connaître les insti-
» tutions municipales d'un pays pour connaître le
» caractère du gouvernement qui le régit. La discussion
» de la loi qui donne lieu à ces réflexions en a offert
» une preuve frappante. Le pouvoir en France a étendu
» et chaque jour il étend ses attributions. Pour augmen-
» ter sa force, à ce qu'il se figure, il a détruit plusieurs
» des libertés dont on jouissait sous la restauration

» même , il en a restreint d'autres , et il n'est pas à
» bout de cette voie dans laquelle le poussent les tristes
» nécessités qu'il s'est faites. Aussi le ministère revenant
» sur ses pas a-t-il obstinément repoussé des dispositions
» présentées par lui-même il y a trois ans. Il lui a
» fallu, pour ainsi parler, envahir la commune comme
» il a envahi la presse , comme il a envahi la liberté
» d'association et le jury même , dernière garantie qui
» restât aux citoyens contre les passions de l'autorité
» et contre ses erreurs. Nous plaignons sincèrement le
» pouvoir de s'être placé dans une direction aussi
» dangereuse. Le système malheureux où il s'est engagé
» le conduit à ne jouir d'aucun repos qu'il ne soit
» maître de tout. Mais jamais on n'est maître de tout,
» et le fut-on un moment, ce moment serait celui de
» la chute , car on serait seul pour soutenir la réaction
» universelle. » (1)

La loi de 1838 régla les attributions départementales.
On pourrait adresser la même critique à cette loi qu'à
la loi municipale. C'est toujours de la part du pouvoir
même ambition , même crainte des corps constitués.

----

(1) LAMENNAIS. (*Politique à l'usage du peuple.*)

Maintenant je passe à l'exposé de notre système départemental et municipal actuel. Ce sera le sujet du livre suivant.

LIVRE SECOND.

ÉTAT DE LA LÉGISLATION ACTUELLE.

PROLÉGOMÈNES.

La division de la France par départemens n'est pas la seule existante. Il y en a d'autres qui en sont indépendantes et ont été établies pour mieux seconder l'action des pouvoirs dans les divers services publics qui rentrent dans les fonctions du gouvernement. Toutefois, il n'en est pas où l'on ne tienne compte de la grande division territoriale et administrative par départemens.

Vient d'abord la division judiciaire.

Le ministre de la justice, les procureurs généraux, et du roi et leurs substituts sont chargés de veiller à l'action du pouvoir judiciaire , ils provoquent , ils stimulent cette action , mais ils ne jugent pas. Juger est la fonction des cours et tribunaux , il y a en France une hiérarchie de cours et tribunaux et une division territoriale correspondante à cette hiérarchie.

Au sommet de l'échelle judiciaire , pour le civil et pour le criminel, est la Cour de cassation. Cette Cour ne fait qu'entrer dans l'examen de l'application de la loi faite par les cours et tribunaux.

Elle est établie pour maintenir l'unité dans la jurisprudence et pour empêcher que les tribunaux ou cours inférieures n'excèdent leur pouvoir. Elle ne juge pas, en ce sens qu'elle ne termine pas définitivement les contestations qui lui sont soumises, mais elle juge en quelque sorte les décisions des juridictions inférieures , elle les annule , elle les casse , et alors l'effet de ses arrêts est de renvoyer les procès qui lui sont soumis devant d'autres cours ou tribunaux.

La Cour de cassation n'est compétente qu'en matière civile et criminelle , en matière administrative, la véritable Cour de cassation , c'est le Conseil d'État.

Le Conseil d'État est tantôt Cour d'appel , tantôt Cour de cassation :

Cour d'appel , il est appelé à réformer les arrêtés des Conseils de préfecture rendus en matière contentieuse, quelquefois ceux du Conseil royal de l'Université, de certaines commissions administratives et de certains fonctionnaires jugeant administrativement;

Cour de cassation, il est le suprême régulateur des compétences , il casse les décisions en dernier ressort des Conseils de préfecture. Quelquefois même celle de la Cour des comptes, quand les arrêts de cette dernière Cour lui sont déférés pour vice de formes ou violation de la loi.

La Cour des Comptes est appelée à vérifier la comptabilité financière, elle connait en appel, et pour ces matières seulement, des décisions prises par les Conseils de préfecture.

Le Conseil d'État, la Cour de Cassation, la Cour des Comptes, sont des juridictions uniques et éminemment centrales.

Au-dessous, il y en a d'autres, et pour leur exercice, la France est divisée et subdivisée en circonscriptions territoriales.

Pour la justice civile, elle est divisée en ressorts de Cours royales ou d'appel. Chaque Cour royale comprend dans son ressort plusieurs départemens. Dans chaque département il y a une Cour d'assises qui juge les délits punissables de peines criminelles et que pour cela on appelle crimes.

Dans chaque arrondissement il y a un tribunal civil appelé vulgairement tribunal de première instance. (1) Ce tribunal est appelé à juger en premier ou en dernier ressort des contestations qui tiennent au droit privé, à l'exception toutefois de celles qu'une raison d'utilité ou de bonne justice a fait attribuer à des tribunaux de commerce, ou à des juges de paix.

---

(1) Je ne sais trop pourquoi, par exemple, il me semble que le nom de tribunal civil d'arrondissement lui conviendrait davantage.

Le tribunal civil d'arrondissement a aussi des attributions de justice pénale. Il juge les délits punissables de peines correctionnelles.

Le ressort d'un tribunal d'arrondissement est divisé en cantons. Dans chaque canton, il y a un juge de paix. Il juge en premier ressort des actions possessoires, et en premier ou en dernier ressort des contestations civiles d'un modique intérêt. Il connait des cas punissables des peines de simple police, lesquels lui sont attribués concurremment avec les maires.

Dans chaque département il y a un tribunal administratif appelé Conseil de préfecture. On fera connaitre plus bas sa compétence.

Voilà pour la division judiciaire de la France.

Sous le rapport militaire, la France se divise en circonscriptions comprenant chacune plusieurs départemens et qu'on appelle divisions militaires.

A la tête de chaque division militaire est un lieutenant-général, et un intendant militaire chargé plus spécialement de la partie bureaucratique et administrative du service.

Dans chaque département il y a un maréchal-de-

camp ou un colonel , et un sous-intendant militaire.
Voilà pour la division militaire.

Sous le rapport ecclésiastique, quant à ce qui concerne le culte catholique, la France est divisée en 14 archevêchés métropolitains et en 66 évêchés.

Il y a en général un évêché, ou archevêché par département, la circonscription d'un archevêché comprenait autre-fois plusieurs évêchés et portait le titre de suffragance. La circonscription d'un archevêché, ainsi que celle d'un évêché, porte aujourd'hui le titre de diocèse.

Le diocèse se divise en cures; il y a en général une cure par canton.

La cure se divise en desservances, il y a un desservant dans chaque commune. Une simple section de commune peut en avoir un.

Pour le culte réformé ou calviniste , chaque église a un pasteur. Pour chaque 6,000 âmes de population il y a un consistoire. Cinq églises consistoriales forment un synode.

Pour le culte protestant ou luthérien , il y a un pas-

teur dans chaque église laquelle a aussi un consistoire.
Cinq églises consistoriales forment une inspection.
A la tête du culte protestant est un consistoire général
séant à Strasbourg.

Lorsque deux mille juifs se trouvent dans un départe-
tement, ils peuvent avoir une Synaguogue. A la tête
du culte israëlite, il y a un consistoire central séant à
Paris.

Voilà pour la division ecclésiastique.

L'ensemble des Membres composant le corps chargé
de l'Instruction publique s'appelle Université. A sa tête
est le Ministre de l'Instruction publique qui porte aussi
le titre de Grand-Maitre de l'Université. Auprés du Ministre est le Conseil royal de l'Instruction publique, lequel a des attributions tantôt contentieuses, tantôt consultatives.

Le haut enseignement est confié à des établissemens tels que l'École des Chartes, l'École normale,
l'École polytechnique, le Collége de France.

L'enseignement spécial ordinaire est professé dans
des facultés de droit, des sciences, des lettres, de
médecine et de théologie, lesquelles ne sont pas établies

pour une certaine circonscription du territoire , mais sont répandues dans les grandes villes du royaume , suivant le besoin.

Mais sous le point de vue purement administratif, la division universitaire de la France est en académies, lesquelles, à l'instar des cours royales, comprennent chacune plusieurs départemens.

Dans chaque académie, il y a un conseil universitaire, un recteur, et sous lui un ou plusieurs inspecteurs.

Il y a de plus, dans chaque académie, outre les écoles d'enseignement spécial qui peuvent s'y trouver , des établissemens consacrés à l'enseignement secondaire et à l'enseignement primaire.

Sont consacrés à l'enseignement secondaire les colléges royaux et communaux.

Sont consacrés à l'enseignement primaire , 1° les écoles normales primaires, d'où sortent des sujets destinés à devenir instituteurs primaires. Il peut y en avoir une dans chaque département. Toutefois il n'y en a d'ordinaire qu'une pour deux ou trois départemens ; 2° les écoles primaires supérieures ; 3° les écoles primaires inférieures.

Dans chaque département il y a un inspecteur des écoles primaires , lequel a sous lui un ou plusieurs sous-inspecteurs, chargés de surveiller le service dans un ou plusieurs arrondissemens.

Voilà pour la division universitaire de la France.

Il y a en France d'autres divisions relatives aux divers services publics, la marine, les douanes, les mines, etc. Quoiqu'il soit fort utile de les connaître, nous n'en parlerons pas, car n'ayant été créées que pour des besoins tout-à-fait spéciaux, elles varient comme les lois qui ne font que régler des détails simplement administratifs, et de plus, elles ne rentrent pas dans l'économie générale de notre droit public comme celles dont je viens d'esquisser le tableau à grands traits.

Mais la division constitutionnelle de la France est la division par départemens et ses sous-divisions.

Le département forme à la fois une division politique, une individualité administrative, et une personne morale.

Division politique : à sa tête est un préfet, l'agent le plus actif et le plus important du pouvoir exécutif après les ministres. Il y a dans chaque département un corps représentatif qui, pour de certaines matières, a des attributions vraiment législatives, et pour tout ce qui concerne l'administration du département, une influence importante.

Individualité administrative : le préfet est chargé dans l'étendue du département de l'exécution des lois. Si, sur cette exécution, il s'élève quelques difficultés, il y a près de lui un conseil de préfecture qui statue. En un mot le département est un centre où viennent rayonner, et d'où se répandent toutes les forces du pouvoir exécutif dans la circonscription pour de là se rattacher au grand système de centralisation nationale.

Personne morale : le département a un budget, des biens, il plaide, il acquiert, il vend, dans les conditions de sa capacité administrative, il est vrai, mais ces conditions une fois remplies, ses actes de la vie civile ont le même effet que ceux qu'auraient faits des particuliers.

CHAPITRE I.ER

DU DÉPARTEMENT.

Quand on examine la constitution actuelle du département, on trouve à sa tête.

1° Un corps délibérant;

2° Un fonctionnaire principal chargé du pouvoir exécutif, fonctionnaire qui est à la fois et l'agent du pouvoir central , et le chef de l'administration purement départementale.

3° Un tribunal administratif, le conseil de préfecture , lequel a aussi des attributions consultatives et de tutelle , et d'un autre côté, est composé de membres chargés quelquefois d'un pouvoir purement actif. C'est , comme on le voit, une institution à deux faces comme le Conseil d'état, placée aussi comme dernière institution sur les confins un peu indécis du pouvoir exécutif et du pouvoir judiciaire , et qui bien réglée , serait la plus sûre garantie de la division de ces deux pouvoirs.

4° Le département doit être aussi considéré comme personne morale.

SECTION I.

DU CONSEIL GÉNÉRAL DE DÉPARTEMENT.

Ce corps doit être considéré, 1° dans sa composition, 2° dans ses attributions.

§ 1.

COMPOSITION DU CONSEIL GÉNÉRAL.

On a vu que sous l'empire de la constitution de l'an VIII, les Membres des Conseils généraux étaient nommés par le chef du pouvoir exécutif, aujourd'hui ils sont élus, et cela par cette raison que le conseil général est investi d'attributions qui, dans le système de notre droit public, appartiennent à un corps représentatif.

On sait que le département se divise en arrondissemens; les arrondissemens en communes.

Si on avait pris l'arrondissement comme circonscription électorale pour le choix des membres du conseil général, on serait arrivé à une réprésentation ou trop peu nombreuse ou trop inégale, en ce sens que certaines parties du territoire n'auraient pas été représentées au conseil général. On ne pouvait donc prendre, et on n'a pas pris l'arrondissement comme circonscription électorale dans ce cas. D'un autre côté la division administrative de l'arrondissement est par communes. Chaque commune forme une individualité ayant des intérêts à elle propre. Devait-on admettre chaque commune à envoyer un membre au conseil général. Mais il faut considérer qu'il y a des départemens qui comptent plus de cinq cents communes et qu'il n'en est guère qui en comptent moins de cent. Dès-lors on aurait eu pour conseil général, une assemblée trop nombreuse et par suite trop tumultuaire pour l'objet de ses réunions. Il fallait donc trouver un intermédiaire lequel se trouvait être naturellement le canton :

Chaque canton nomme un membre au conseil général. Mais comme le législateur de 1833 craignait les assemblées trop nombreuses, il a décidé que dans aucun cas le conseil général ne pourrait se composer de plus de trente membres. Si donc le département est composé de plus de trente cantons, on opérera des réunions de cantons de manière que le département ne soit divisé qu'en trente circonscriptions électorales.

Le collége électoral, chargé d'élire un membre au Conseil général, n'est pas composé de la même manière que le collége électoral appelé à élire un député. Dans le premier cas, le cens contributif n'est pas la seule règle de capacité électorale, il y a encore de certaines personnes qui, à raison de certains titres, de certains grades universitaires, peuvent être électeurs. En un mot, tous ceux qui, à raison d'une capacité présumée, sont portés sur les listes du jury, peuvent aussi être mis sur les listes pour les élections départementales.

Comme pour les élections parlementaires, ces listes sont rectifiées tous les ans ; et ce, conformément à la loi du 19 avril 1831, c'est-à-dire, par une assemblée cantonnale composée des maires et percepteurs du canton et sous la présidence du maire du chef-lieu.

J'ai dit que les listes électorales devaient porter le nom, non-seulement des citoyens qui payent deux cents francs de contribution, mais encore de tous ceux qui sont inscrits sur les listes du jury. Toutefois, comme il y a des personnes qui, bien qu'ayant la capacité pour faire partie de la liste du jury, n'y sont cependant pas portées à raison de l'incompatibilité des fonctions qu'elles exercent et de celles de jurés, tel qu'un juge, un préfet, etc ; et comme il n'y a d'un autre côté rien d'imcompatible entre ces fonctions et celles d'électeur départemental, elles devront être inscrites sur ces dernières listes. •

Il faut encore que les listes électorales d'un canton contiennent au moins cinquante citoyens. Si dans le canton il ne s'en trouve pas cinquante pouvant faire partie de ces listes , le préfet en dressera une complémentaire dans laquelle entreront les citoyens les plus imposés jusqu'à ce qu'on puisse compléter le nombre de cinquante.

Les élections départementales sont faites au chef-lieu du canton, ou dans toute autre localité qui paraitrait plus centrale , et qu'en raison de ce, l'autorité administrative désignerait. L'assemblée est présidée par le maire du chef-lieu.

Toutefois, si dans le canton ou dans les cantons qui forment la circonscription , il y a plus de trois cents électeurs, le collége peut être divisé en sections. Le maire du chef-lieu préside la première , les adjoints et les plus anciens membres du conseil président les autres.

Pour être éligible au conseil général il faut :

1° Être Français et jouir des droits civils et politiques ;

2° Être âgé de vingt-cinq ans ;

5° Payer deux cents francs de contributions directes dans le département , à moins toutefois que dans l'arrondissement de sous-préfecture le nombre des éligibles ne soit pas du sextuple du nombre des conseillers , cas auquel le complément serait formé par les plus imposés ;

4° N'être pas, en raison de certaines fonctions publiques , dans un des cas d'incompatibilité établis par la loi.

Les fonctions incompatibles avec le mandat départemental sont :

1° Celles de préfet, sous-préfet, conseiller de préfecture ;

2° D'agent comptable employé à la recette, à la perception, ou au recouvrement des contributions, au paiement des dépenses publiques de toute nature ;

3° D'ingénieur des ponts et chaussées et architectes actuellement employés par l'administration du département ;

4° D'agents forestiers en fonction dans le département et d'employés des bureaux de préfecture et de sous-préfectures.

« Nul ne peut être membre de plusieurs conseils » généraux. » (1)

La même loi dispose aussi : « que lorsqu'un membre » du conseil aura manqué à deux sessions consécutives » sans excuse légitime ou empêchement admis par le » conseil, il sera regardé comme démissionnaire, et il » sera procédé à une nouvelle élection. »

Les conseils généraux se renouvellent par tiers tous les trois ans.

La convocation générale ou partielle des conseils généraux est faite par une ordonnance royale. Les membres sont convoqués individuellement par le préfet du département.

Au jour indiqué pour l'ouverture, le préfet, en ouvrant la première séance, donne lecture de l'ordonnance de convocation, reçoit le serment des nouveaux élus et déclare au nom du roi que la session est ouverte.

----

(1) Loi de 1833, article 8.

La première opération du conseil est de nommer au scrutin un président et un secrétaire. Pour qu'une délibération soit valable, il faut la moitié plus un des conseillers présens. Le préfet a son entrée au conseil, mais il ne peut ni présider ni donner sa voix. Quand il s'agit de l'apurement de ses comptes, il ne peut assister à la séance, seulement il doit être entendu s'il le demande.

§ II.

ATTRIBUTIONS DES CONSEILS GÉNÉRAUX.

Les conseils généraux ont par attribution un démembrement de la puissance législative. En second lieu ils délibèrent et décident sur certains points d'administration départementale. Ils sont, en outre, comités consultatifs, et à ce titre ils sont appelés à donner des avis ou à émettre des vœux.

Comme délégués du pouvoir législatif, ils votent l'impôt dans une certaine limite.

J'ai déjà eu occasion de l'observer: dans les principes de notre droit public moderne, voter l'impôt est une portion de la puissance législative qui appartient surtout à un corps représentatif. C'est pour cela que la Charte veut que les lois d'impôts et de finances soient d'abord présentées à la Chambre des députés. Non-seulement le pouvoir législatif est appelé à voter l'impôt, mais encore à déterminer son assiette, à fixer le mode de sa répartition, et même à en faire la répartition générale par département.

Il y a en France deux manières principales de percevoir l'impôt. L'une consiste à faire payer directement aux citoyens une portion du revenu qu'on leur suppose. C'est ce qu'on appelle *contributions directes*; l'autre à leur faire payer l'impôt sur certaines consommations, sur certains actes civils ou judiciaires, c'est ce qu'on appelle *contributions indirectes*.

Les contributions directes sont de deux sortes, tantôt on les divise proportionnellement à chaque partie de l'objet sur lequel on établit ce genre d'impôt, et alors on l'appelle impôt de répartition.

Tantôt on établit un tarif fixe pour chaque espèce d'objets, ou chaque industrie qu'on impose, et alors l'impôt est dit de quotité.

La législature vote l'impôt pour les dépenses d'utilité générale, ou du moins considérées comme telles. Quand les Chambres ont voté une contribution générale de répartition, par exemple, une augmentation de taxe territoriale, vulgairement appelée chez nous contribution foncière, elles la répartissent entre les départemens. Mais le pouvoir législatif ne va pas plus loin, et avec raison, car, en voulant entrer dans une répartition plus détaillée, il s'exposerait à la faire erronée et inique, parce que cette œuvre est trop minutieuse et qu'elle exige la connaissance complète des moindres localités. Pour cette sous-répartition le pouvoir législatif ne fait que fixer les moyens de procéder.

Quand l'impôt est réparti entre les départemens, le corps représentatif de chaque département, le conseil général, le répartit entre les arrondissemens ; le corps représentatif de cette portion du territoire, le conseil d'arrondissement, le répartit dans le sein de l'arrondissement entre les communes. Enfin dans le sein de la commune, une commission administrative est nommée par le préfet qui répartit entre les particuliers la part afférente à la commune.

Ainsi, en définitive, le conseil général a comme attributions législatives : 1° le droit de répartir l'impôt dans le sein du département entre les divers arrondissemens qui le composent ;

2° Le droit de voter l'impôt pour un objet spécial **et dans** de certaines limites.

C'est par application des principes ci-dessus posés que la législature a chargé les conseils généraux 1° de statuer sur les demandes délibérées par les conseils d'arrondissement en réduction du contingent assigné à l'arrondissement ; 2° de prononcer définitivement sur les demandes en réduction formées par les communes, et préalablement soumises au conseil d'arrondissement.

De ce que le conseil général est le délégué du pouvoir législatif, de ce qu'il est en même temps le représentant du département, et qu'à ce titre il est investi du droit de voter l'impôt pour les objets d'utilité départementale, quoique dans de certaines limites; il suit : qu'il règle le budget départemental présenté par le préfet. Ceci nous conduit à entrer dans l'examen de ce budget.

Le département, étant à la fois une association et une unité administrative, a un actif et un passif.

Voici d'abord les sources de l'actif départemental.

Tous les ans, les Chambres votent en addition au principal des contributions directes, des centimes additionnels pour subvenir aux dépenses qui sont à la fois d'une utilité générale et d'une utilité départementale. Chaque département paie ces centimes proportionnellement à sa part d'impôt général. Si on laissait à chaque département la part afférente qu'il doit payer dans cet impôt, il arriverait que certains départemens riches auraient plus de fonds qu'il ne leur en faut

rigoureusement, tandis que les départemens pauvres
pourraient à peine subvenir aux dépenses nécessaires.
Pour remédier à cet inconvenient, la loi de finances
divise les centimes imposés en deux parties. L'une
reste affectée aux besoins directs de chaque département. L'autre est centralisée au trésor et forme un fonds
commun lequel est distribué entre les départemens
par une ordonnance royale. Dans ce cas évidemment,
le pouvoir exécutif a une attribution tout-à-fait discrétionnaire. Ainsi, première ressource du département :
une part du fonds commun, si le roi ou plutôt le
ministre l'a jugé susceptible de l'avoir.

La seconde source de l'actif départemental consiste
dans les centimes additionnels votés par les conseils
généraux. Ces centimes sont de différente nature.

Ils sont ordinaires, facultatifs, spéciaux, extraordinaires, et cela suivant leur destination.

L'actif du département se compose en outre :

Du revenu des propriétés du département non
affectées à un service départemental.

Du produit des autres biens dont le département est
propriétaire en sa qualité de personne morale.

Du produit des expéditions d'anciennes pièces ou
d'actes de la préfecture déposés aux archives.

Du produit des droits de péage autorisés par le
gouvernement au profit du département, ainsi que les
autres droits et perceptions concédés au département
par les lois.

Voilà pour l'actif départemental, voyons quel est
maintenant son passif.

Autrefois il y avait deux budgets pour le département. L'un consacré aux dépenses fixes. L'autre aux dépenses d'un intérêt tout-à-fait départemental. Les premières dépenses se rattachent aujourd'hui au budget général de l'État. Il n'y a actuellement qu'un budget départemental, mais il est divisé en plusieurs sections.

La première comprend les dépenses ordinaires qu'on pourrait appeler aussi obligatoires, quand, en effet, le conseil général ne veut pas pourvoir à ces dépenses, l'autorité supérieure y pourvoit d'office.

Les dépenses ordinaires sont :

1° Les grosses réparations d'entretien des édifices et bâtimens départementaux, et non leur construction, laquelle rentre dans la section deux ou trois ;

2° Les contributions dues pour les biens du département. C'est la conséquence du droit de propriété que la loi a concédé au département sur ces biens ;

3° Le loyer s'il y a lieu des hôtels de préfecture et de sous-préfecture ;

4° L'ameublement et l'entretien du mobilier de l'hôtel de la préfecture ;

5° Le casernement ordinaire de la gendarmerie ;

6° Les dépenses ordinaires des prisons départementales ;

7° Les frais de translation des détenus, des vagabonds, des libérés et des forçats libérés ;

8° Le loyer et le mobilier des cours et tribunaux, et les menues dépenses des justices de paix ;

9° Le chauffage et l'éclairage des corps-de-garde des établissemens départementaux ;

10° Les travaux d'entretien des routes départementales et des ouvrages d'art qui en font partie;

11° Les dépenses des enfans trouvés et abandonnés pour la part afférente à chaque arrondissement;

12° Les frais de route accordés à des voyageurs indigens;

13° Les frais d'impression et de publication des listes électorales et du jury;

14° Les frais de tenue des collèges et des assemblées convoquées pour nommer les membres de la Chambre des Députés, des Conseils généraux et d'arrondissement;

15° Les frais d'impression des budgets et des comp. tes de recettes et dépenses départementales;

16° La portion à la charge des départemens dans les tables décennales et de l'état civil;

17° Les frais relatifs aux mesures qui ont pour objet d'arrêter le cours des épidémies et épizooties;

18° Les primes fixées par les règlemens d'administration publique pour la destruction des animaux nuisibles;

19° Les dépenses de garde et de conservation des archives du département.

Les dettes départementales contractées pour les dépenses ordinaires seront portées à la première section du budget et soumises à toutes les règles applicables à ces dépenses.

Il est fourni aux dépenses ordinaires du département à l'aide :

1° Des centimes affectés à cet emploi par la loi de finances; 2° De la part allouée au département dans le fonds commun ; 3° du produit éventuel des propriétés, tant mobilières qu'immobilières du département; d'une taxe sur les expéditions des pièces déposées aux archives; des droits de péage perçus au profit du département.

Ces dépenses sont réglées par le ministre, elles sont obligatoires, et leur nécessité est telle que si le conseil en oubliait quelques-unes et ne voulait pas les voter, une ordonnance royale pourrait les inscrire au budget. Et si le conseil général ne se réunissait même pas pour les voter, le préfet les établirait d'office en conseil de préfecture et les ferait arrêter par une ordonnance royale. Mais dans ce cas l'autorité est tenue de prendre de quoi subvenir à ces dépenses dans les recettes détaillées ci-dessus, et affectées par la loi aux dépenses ordinaires, et l'on ne pourrait appliquer le § 2 de l'article 14 de la loi du 10 mai 1838 qui dispose : que le conseil général peut porter au chapitre des dépenses facultatives, les dépenses ordinaires, ce qui veut dire, que ce conseil peut pourvoir aux dépenses ordinaires à l'aide des centimes facultatifs.

La seconde section du budget départemental comprend les dépenses facultatives ainsi nommées parce que le conseil général peut les voter ou ne pas les voter à son gré. Aussi aucune dépense ne peut être inscrite d'office dans cette section par le pouvoir exécutif, et les allocations qui y sont portées par le conseil général, ne peuvent être changées ni modifiées par l'ordonnance royale qui règle le budget.

Les centimes facultatifs ne peuvent être votés que

dans les proportions et les limites déterminées par la loi de finances que votent chaque année les Chambres.

Voici quelques unes des dépenses qu'on peut considérer comme facultatives :

Ce sont les dépenses pour sociétés d'agriculture, dépôts de mendicité, maisons de secours et hospices départementaux, encouragemens et subventions aux artistes vétérinaires, cours d'accouchement, indemnité pour la propagation et conservation de la vaccine, l'entretien des sourds et muets dans des institutions spéciales, l'entretien des monumens historiques, les courses de chevaux. « Un chapitre dans la section des » dépenses facultatives peut être attribué aux routes, » mais l'entretien des routes étant au nombre des » dépenses de la première section, la conséquence en » serait que ledit chapitre ne devrait concerner que » des *travaux neufs*. Cependant on ne doit pas lui » donner cette dénomination parce qu'on doit prévoir » le cas où l'insuffisance des routes de la première » section forcerait de mettre le complément de l'en- » tretien des routes départementales à la charge des » centimes facultatifs. » (*Dictionnaire de Droit admi-nistratif*.) Voyez au mot : Attributions départementales.

On pourvoit aux dépenses portées dans cette seconde section, 1° à l'aide de centimes facultatifs votés par le conseil général ; 2° à l'aide du revenu des propriétés du département non affectées à un service public ; 3° à l'aide d'une portion du fonds commun que la loi autorise le gouvernement à distribuer aux départemens qui en ont besoin à titre de secours.

Les dettes consacrées aux dépenses autres que les dépenses ordinaires sont inscrites dans la seconde section. Mais ici , à la différence de ce qui a lieu pour les autres dépenses facultatives , dans le cas où le conseil général aurait omis ou refusé de faire cette inscription, il y sera pourvu au moyen d'une contribution extraordinaire établie par une loi spéciale ; le législateur n'a pas voulu que par le mauvais vouloir d'un conseil général le département put manquer à ses engagemens.

Les autres sections du budget départemental sont consacrées aux dépenses spéciales ou extraordinaires.

Pour subvenir aux dépenses spéciales , certaines lois générales ont autorisé les départemens à voter des centimes spéciaux. Ces centimes sont destinés à subvenir , 1º aux dépenses d'instruction primaire pour les communes dont les centimes spéciaux ou les revenus ordinaires ne seraient pas suffisans. Le législateur a considéré cette dépense comme très-importante , puisqu'il l'a déclarée imposable d'office , dans le cas où le conseil général refuserait de la voter;

2º Aux dépenses affectées aux chemins vicinaux de grande communication qui, quoique qualifiés vicinaux ont cependant une importance vraiment départementale.

Pour subvenir aux dépenses extraordinaires , le conseil général ne pourra voter des fonds qu'en vertu d'une loi spéciale.

Pareillement le département ne pourra contracter un emprunt qu'en vertu d'une loi. Le législateur, dans ce cas, est appelé à exercer sur le département un acte de haute tutelle.

De ce que le conseil général a un démembrement de la puissance législative relativement au vote des fonds destinés aux besoins d'utilité départementale , de ce que la puissance de consentir l'impôt implique le droit d'en surveiller l'emploi , il résulte que le conseil général est appelé à entendre et débattre les comptes d'administration qui lui sont présentés par le préfet :

1° Des recettes et dépenses conformément au budget du département. Ce qui veut dire que le préfet doit présenter les comptes du département par sections et chapitres dans l'ordre suivant lequel les dépenses sont inscrites au budget départemental.

2° Du fonds de non valeur , c'est-à-dire du fonds qui provient des centimes additionnels imposés par la loi de finances , pour satisfaire aux remises , modérations , et non-valeurs qui existent sur la prévision des rôles, et pour être accordés à titre de secours aux particuliers qui ont été victimes de sinistres. Une partie du fonds de non-valeur est répartie entre les préfets pour leurs départemens. L'autre est laissée aux ministres des finances, de l'agriculture et du commerce, lesquels ont un pouvoir discrétionnaire pour en faire la répartition.

3° Du produit des centimes additionnels spécialement affectés par les lois de finances à diverses branches du service public.

Pour exercer cette attribution du contrôle que la loi a donnée au conseil général , cette assemblée doit comparer les crédits et l'emploi qui en a été fait. D'où il suit que si le conseil rencontre une dépense qui a été

faite sans autorisation, il peut la rejeter; cas auquel
ellerentre à la charge de l'ordonnateur, c'est-à-dire,
du préfet.

Toutefois le conseil n'est souverain dans ses attributions de contrôle, que pour les dépenses facultatives ou
extraordinaires. Quand à celles inscrites dans la première section du budget, son contrôle est tout-à-fait
provisoire, c'est au ministre à statuer définitivement
sur l'irrégularité. Cependant si, pour une dépense
ordinaire, un crédit avait été voté par le conseil dans
le chapitre des centimes facultatifs, ce serait, selon
moi, au conseil à statuer sur la validité de l'emploi
de cette somme. Mais le conseil général ne peut se
mêler que de l'emploi des fonds. Quand à la validité
des payemens à effectuer, ce n'est pas lui qui est
compétent, c'est la cour des comptes.

Nous n'avons jusqu'ici rien dit des crédits supplémentaires.

Souvent les lois de finances accordent des crédits
supplémentaires aux ministres pour certaines dépenses
qu'ils ont faites d'avance. La loi du 18 juillet 1837
permet aussi aux conseils municipaux d'en accorder
aux maires. La loi sur les attributions des conseils
généraux ne dit rien de pareil. Déciderons-nous par
analogie que les conseils généraux peuvent consentir
des crédits supplémentaires. J'admettrais volontiers
l'affirmative, et toutefois avec une distinction. S'agit-il
de dépenses facultatives ? Je ne vois pas pourquoi on
refuserait aux conseils généraux le droit de voter des

crédits supplémentaires. (1) Pour ces sortes de centimes
la loi leur a laissé toute latitude, et il n'y aurait à
redire qu'autant qu'ils dépasseraient le taux des centimes
facultatifs additionnels que la loi a fixé. Mais pour
ce qui est des centimes extraordinaires, ils doivent
être autorisés par une loi. Si donc ces centimes devenaient plus tard nécessaires, ce ne serait qu'autant
qu'ils seraient autorisés par une loi spéciale que les
conseils généraux pourraient les voter sous le titre de
crédits supplémentaires.

On ne devrait pas leur accorder davantage le droit
de voter ces crédits sur les fonds destinés aux dépenses
ordinaires et pour ces dépenses. Et cela, parce qu'ils
ne sont pas complétement souverains pour statuer sur
cette section de leur budget ; ils ne peuvent guère,
en effet, se dispenser de la voter ; sans cela le gouvernement l'établirait d'office. Du reste, ce que les
conseils généraux ne peuvent faire sur ce point, le
gouvernement peut le faire. C'est ainsi que l'a décidé
une ordonnance royale qui porte « que les viremens de
» crédit d'un chapitre à un autre et les augmentations
» d'allocation qui seraient devenues nécessaires après
» le règlement du budget pour assurer l'exécution des
» services compris dans la première section doivent être
» autorisées par des décisions ministérielles. »

« Ces décisions sont notifiées aux préfets et aux
» payeurs qui les produisent à la Cour des comptes
» avec les copies du budget départemental. »

---

(1) C'est ce qui dans la pratique arrive tous les ans.

Les observations du conseil général sur les comptes présentés à son examen, sont adressées par le président de ce conseil au ministre de l'Intérieur, et c'est définitivement une ordonnance royale qui règle le compte.

J'ai dit plus haut qu'outre le démembrement de puissance législative qu'avaient les conseils généraux relativement à la répartition de l'impôt général et au vote de certains impôts particuliers, ils étaient aussi appelés à délibérer sur certains objets d'utilité départementale.

Cette attribution leur a été donnée en raison de ce qu'ils sont les représentans du département, de ce qu'ils sont chargés de veiller à ses intérêts financiers, et de ce qu'ils sont, pour ainsi dire, à de certains égards, le conseil de famille du département, en tant qu'on le considère comme personne morale.

Ainsi donc les conseils généraux délibèrent :

1° Sur les contributions extraordinaires à établir et les emprunts à contracter dans l'intérêt du département;

2° Sur les acquisitions et échanges des propriétés départementales ;

3° Sur le changement de destination ou d'affectation des édifices départementaux ;

4° Sur le mode de gestion des propriétés départementales ;

5° Sur les actions à intenter ou à soutenir au nom du département, sauf le cas d'urgence, cas auquel le préfet peut intenter toute action ou y défendre sans délibération du conseil général, ni autorisation préalable;

6° Sur les transactions qui concernent le département;

7° Sur l'acceptation de dons et legs faits au département ;

8° Sur le classement et la direction des routes départementales ;

9° Sur les projets, plans et devis de tous les autres travaux exécutés sur les fonds du département ;

10° Sur les offres faites par des communes, par des associations et des particuliers pour concourir à la dépense des routes départementales ou d'autres travaux à la charge du département ;

11° Sur la concession, à des associations, à des compagnies ou à des particuliers de travaux d'intérêt départemental;

12° Sur la part contributive à imposer au département, dans la dépense des travaux à exécuter par l'état, et qui intéressent le département;

13° Sur la part contributive du département aux dépenses des travaux qui intéressent à la fois le département et les communes ;

14° Sur l'établissement et l'organisation des caisses de retraite et autre mode de rémunération, en faveur des employés de préfectures et de sous-préfectures;

15° Sur la part de la dépense des aliénés et des enfans trouvés ou abandonnés qui sera mise à la charge des communes, et sur la base de la répartition faite entr'elles;

16° Sur tous les autres objéts sur lesquels il est appelé à délibérer par les lois et règlemens. Le tout sauf l'approbation du roi, du ministre compétent ou du préfet, selon les cas déterminés par les lois ou par les règlemens d'administration publique.

Voilà les objets sur lesquels le conseil général délibère.

D'un autre côté, ce conseil comprenant la représentation de tous les cantons, est plus à même de connaître les petites localités que ne l'est l'autorité centrale et même le préfet; c'est d'ailleurs un corps constitué dont il est toujours utile de suivre ou de prendre les conseils. C'est pour cela que la loi lui a donné les attributions de comité consultatif et réclamant. A ce titre, il donne des avis, il émet des réclamations et des vœux.

Il donne des avis :

1° Sur les changemens proposés à la circonscription du territoire des arrondissemens, du département, des cantons et des communes, et à la désignation des chefs-lieux;

2° Sur les difficultés élevées relativement à la répartition de la dépense des travaux qui intéressent plusieurs communes;

3° Sur l'établissement , la suppression , le changement de foires et marchés ;

4° Et généralement sur tous les objets sur lesquels il est appelé à donner son avis en vertu des lois et règlemens , et sur lesquels il est consulté par l'administration centrale.

Il est d'ordre public que les conseils généraux ne dépassent pas leurs attributions. Dans l'énumération qui a été faite de ces attributions on a vu que le conseil général est un corps administratif dont la compétence est limitée à l'administration du département et ne peut être exercée que dans les cas et avec les conditions déterminées par la loi.

Il suit de là , que si un conseil général délibérait relativement à des objets qui ne sont pas compris dans ses attributions , cette délibération serait nulle et de nul effet, la nullité serait prononcée par ordonnance royale.

C'est par application de ce principe qu'une ordonnance royale du 5 octobre 1838 a annulé une délibération du conseil général des Côtes-du-Nord qui avait exprimé un vœu relativement à diverses mesures de politique générale , et blâmé le vote de la majorité des Chambres sur les lois de septembre.

Cette décision était fondée en droit , car dans l'espèce le conseil général était sorti de ses attributions administratives ; il avait empiété sur un pouvoir qui n'appartient qu'aux Chambres.

Non seulement un conseil général ne peut pas sortir de ses attributions administratives, mais, même dans ce qui est administratif, il doit rester dans le cercle que lui a tracé la loi ; il ne peut par conséquent empiéter, ni sur les attributions du préfet , ni sur celles du con_ seil de préfecture , ni même sur celles des conseils d'arrondissement et municipaux , bien que ces corps lui soient inférieurs dans l'ordre hiérarchique.

Une ordonnance royale du 9 septembre 1838 a consacré cette doctrine , en annulant une délibération du conseil général du département de l'Indre qui avait autorisé le préfet à poursuivre l'exécution d'engagemens pris par un particulier de fournir des terrains et une somme d'argent pour concourir à la construction d'un chemin de grande communication. Cette ordonnance était fondée sur ce que les chemins vicinaux de grande communication gardent leur nature et leur caractère de chemins vicinaux , que dès-lors , les actions relatives à ces chemins continuent, comme leur propriété même, d'appartenir aux communes, suivanla loi du 11 mai 1836, et qu'aucun conseil général n'avait aucune compétence à cet égard. (1)

Dans sa session de 1838, le conseil général de la Loire-Inférieure déclara dans deux délibérations qu'il n'y avait plus d'accord entre lui et le préfet et que la direction des intérêts du département devait être confiée à d'autres mains.

Une ordonnance royale, rendue au mois d'octobre de la même année, annula ces délibérations.

Mais je ne saurais me ranger à cette jurisprudence, bien qu'elle ait l'assentiment de M. de Cormenin et des auteurs du dictionnaire de droit public et administratif.

On ne saurait invoquer en sa faveur l'article 14 de la loi de 1833; car dans les deux délibérations le conseil n'a pas dépassé ses attributions administratives. Seulement, sur presque tous les points de ses attributions, il s'est trouvé en désaccord avec le préfet.

L'ordonnance est encore motivée sur ce que, aux termes de l'article 7 de la loi du 10 mai 1838. « Le conseil » général peut adresser directement aux ministres » chargés de l'administration départementale, par l'in-

---

(1) Ce qui prouve en passant qu'il serait beaucoup plus simple de faire un article de loi qui ferait entrer cette classe de routes dans les attributions du conseil général, sauf la part contributive en prestations des communes riveraines. Cela éviterait d'avance des questions de compétence administrative. Un chemin de cette nature a, en effet, un intérêt plus que communal; il reçoit, d'ailleurs, la plus grande partie de ces subsides du département.

» termédiaire de son président, les réclamations qu'il
» aurait à présenter dans l'intérêt spécial du départe-
» ment, ainsi que son opinion sur l'état et les besoins
» des différens services publics en ce qui touche le dé-
» partement. » Ainsi, ajoute-t-on, d'après cette loi le
conseil général ne peut que signaler aux Ministres les
actes contraires aux intérêts du département des préfets et autres agents du pouvoir exécutif, mais il ne
saurait aller plus loin.

Ces raisons qu'on fait valoir en faveur de l'ordonnance ne me persuadent pas d'avantage. — D'abord
l'article 14 de la loi de 1833 défend aux conseils
généraux de sortir de leurs attributions. C'est un
principe que la loi a posé, que j'admets; et il n'est
jamais venu dans ma pensée de le contester. Mais
dans l'espèce le conseil général de la Loire-Inférieure
n'est pas sorti des limites attributives que la loi lui a
assignées, il ne s'est pas occupé de politique, et son
dissentiment avec le préfet n'avait trait qu'à des intérêts
purement administratifs.

En matière d'administration départementale, personne ne dira que le conseil général n'a pas, sur les
actes du préfet, un droit de critique. Ce droit résulte
de l'article 2 § 5 de la loi de 1833; et l'article 7 de
la loi de 1838, que je viens de citer plus haut, permet
au conseil général de signaler aux ministres les actes
du préfet contraires aux intérêts de l'administration
départementale. Quand le désaccord entre le préfet et
le conseil général porte sur tous les points, quand ce
conseil croit devoir signaler les abus, en vue de quoi

le fait-il ? En vue de manifester son grave mécontentement au gouvernement et de provoquer, de la part de ce dernier, une amélioration qui, dans un cas comme celui-là, ne peut résulter que d'un changement de préfet. Et il faut bien que les choses soient ainsi, car autrement, ce droit que la loi aurait voulu donner au conseil général ne serait qu'un droit inefficace, illusoire. Voilà ! ce me semble la véritable interprétation de la loi.

— Mais, objecte-t-on, admettre ce système ce serait permettre à des conseils généraux de discuter sur le personnel des dépositaires du pouvoir exécutif. Ce serait altérer gravement l'indépendance du gouvernement dans le choix des fonctionnaires. Ce serait porter atteinte à la responsabilité ministérielle.

Ainsi, dit-on, l'indépendance du gouvernement serait battue en brèche ? — Pas plus, répondrais-je, que ne l'est la prérogative royale quand elle cède devant la volonté de la Chambre des députés qui déclare ne pas agréer tel ou tel ministère. Dans ce cas le roi cède et il doit céder, parce qu'en définitive le pays s'est prononcé et que le pays *pour qui* est institué le gouvernement peut bien quelque peu donner son avis, sans quoi le mot de liberté ne serait dans nos institutions qu'une lettre morte, une amère dérision.

Eh bien ! ce qui est admis dans les hautes régions du gouvernement, là où s'agitent des questions de politique générale, où l'on discute même les principes qui servent de base à l'ordre social, vous ne voudrez pas l'admettre dans la sphère étroite d'une administration départementale alors qu'il s'agit tout simplement de la surveillance de quelques intérêts matériels.

Mais, dit-t-on encore, avec ce système il n'y a pas de centralisation possible ? — Pour moi, je ne suis pas de cet avis, je crois la centralisation conciliable avec des principes de liberté, c'est pour cela que j'en suis le partisan. J'y vois un moyen d'unité politique et sociale ; mais je ne voudrais pas qu'on en fît un moyen de despotisme. C'est cependant à quoi tend le système des auteurs de l'ordonnance que je critique. Mais ils n'ont pour eux ni la raison, ni le droit écrit : la raison, car dans un pays qui a quelques institutions libres, là où un corps constitué placé près d'un mandataire du pouvoir exécutif n'a qu'un droit de surveillance illusoire, il n'y a pas de libertés véritables. Or, la France est un pays à institutions libres, ou du moins, elle en a la prétention.

Les auteurs de l'ordonnance ont-ils pour eux le droit écrit ? — Pas davantage, et ils ne peuvent invoquer en leur faveur ni l'esprit, ni la lettre de la loi. Il faut, en effet, pour apprécier l'esprit général des lois récentes qui règlent notre organisation départementale, remarquer que les législateurs de 1833 et de 1838 ont voulu substituer l'élection à la nomination par le chef de l'état. En d'autres termes, il ont voulu abroger le système de la loi du 28 pluviôse an VIII. Ce système peut avoir été fort utile, mais il a fait son temps, et ceux qui dans cette matière voudraient pour interpréter nos lois nouvelles admettre la jurisprudence du conseil d'état de l'empire commettraient un grand anachronisme. Les lois départementales faites sous le consulat et le gouvernement impérial étaient rendues sous l'empire d'une constitution qui admettait presque le despotisme, et la jurisprudence administrative d'alors devait y être conforme, tandis que nos lois départementales modernes ont été faites sous l'empire d'un régime presque républicain. Si les législateurs de 1833 et de 1838 n'avaient pas admis le système que je professe, il y aurait eu de leur part une étrange anomalie, une grande inconséquence. Cette inconséquence, je m'y ferais avec peine, mais je l'admettrais, si je la trouvais écrite dans la loi. Il n'en est rien. Invoquera-t-on, à l'appui de l'opinion que je combats, l'article 7 de la loi de 1838 et l'article 14 de la loi de 1833? Mais j'ai observé que le conseil général de la Loire-Inférieure n'était pas sorti des limites d'attributions que lui avait tracé l'article 14 et qu'en définitive il n'avait fait qu'user du droit que lui a conféré l'article 7 de la loi de 1838.

Dans tout cela, je le sais, le pouvoir s'est plaint qu'avec un tel système il restait désarmé. Mais dans le système opposé les administrés manquent complètement de garanties. Et je le demande que risquerait un ministre, si au lieu d'annuler d'une manière brusque et choquante l'avis d'un corps constitué dont les membres ont souvent autant de lumières et quelquefois plus de moralité qu'un préfet, il examinait attentivement les plaintes du conseil général. Il le dissoudrait s'il les trouvait exagérées ; et si un nouveau conseil procédait sur les mêmes erremens et soulevait les mêmes critiques qui , sous un certain point de vue ne manqueraient pas alors de quelques fondemens , le ministre n'aurait qu'à renvoyer un [nouveau préfet. Il ne céderait pas de cette manière à l'insurrection. Il ne ferait que seconder le vœu de l'opinion publique, et au lieu de perpétuer l'anarchie il l'éteindrait.

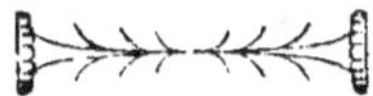

Les conseils généraux sont convoqués par les préfets , en vertu d'une ordonnance du roi qui fixe l'époque et la durée des sessions. Si donc , sans autorisation, un conseil général se réunissait hors du lieu de sa délibération légale , sans être autorisé à se réunir , le préfet devrait , en conseil de préfecture , déclarer la réunion illégale , prononcer la nullité des actes qui y auraient été faits et prendre toutes les mesures pour que l'assemblée se séparât. Les membres qui contreviendraient pourraient être mis en jugement et punis d'un emprisonnement de deux à cinq ans.

Le conseil général a une sphère d'activité qui lui est propre. C'est le département qu'il représente, hors de là il n'a rien à voir. Si donc un conseil général se mettait en correspondance avec d'autres conseils, le préfet aurait à prendre un arrêté, en conseil de préfecture, par lequel il suspendrait provisoirement le conseil, en attendant que le roi vint statuer par ordonnance. L'arrêté devrait être transmis au procureur général qui pourrait requérir certaines peines.

La loi craignant que les délibérations du conseil ne vinssent à dégénérer en affaires d'amour-propre a prohibé la publicité des séances. Toutefois elle permet la publication imprimée des délibérations ; elle l'autorise même en ce qui concerne le budget. Mais elle ne veut pas que la publication porte le nom des membres qui ont pris part à la discussion.

SECTION II.

La centralisation est chez nous le principe moteur
de l'administration. Or, la centralisation consiste
surtout dans l'unité d'action du pouvoir exécutif, ce
qui ne veut pas dire qu'un seul sera chargé de l'administration, mais que les agens du pouvoir exécutif
seront hiérarchiquement soumis à un seul. Dès lors,
il est nécessaire que le gouvernement ait dans chaque
division principale du territoire, un agent supérieur
par le moyen duquel il puisse communiquer cette
unité d'impulsion qui, partie du pouvoir central,
puisse se transmettre à toutes les parties du département et se faire sentir aux personnes et aux choses.

Cet agent est le préfet, lequel est aussi le chargé
d'affaires, le représentant du département pour les
intérêts qui lui sont propres.

14

Le préfet est nommé par le roi, et cela avec raison dans les principes de notre droit constitutionnel, car c'est lui qui est chargé de transmettre les ordres du gouvernement. Il seconde l'impulsion qui vient de plus haut. Il est, il est vrai, chargé de la gestion des intérêts départementaux, mais pour cette gestion elle-même, il est sous la surveillance de l'autorité supérieure.

Avant d'entrer en fonctions, le préfet prête serment entre les mains du roi ou d'un commissaire désigné à cet effet. Il est tenu de résider dans les lieux où il exerce ses fonctions, et ne peut s'absenter sans une permission du ministre de l'Intérieur.

Le préfet est l'agent du pouvoir exécutif chargé de l'administration locale, c'est lui aussi qui réalise l'administration centrale dans le département. Comme représentant du pouvoir exécutif, il résume en lui la direction de toutes les branches des services publics, et en cette qualité, il est subordonné à tous les ministres dont il peut recevoir et exécuter les ordres, excepté pour l'administration militaire et celle de la justice (les véritables représentans du ministre de la justice sont les procureurs généraux et du roi.) Les préfets sont cependant plus spécialement soumis à la direction du ministre de l'Intérieur; sous cette direction ils procurent l'action des lois et ordonnances.

Ces mots *procurer l'action* expriment une idée complexe. Pour l'analyser je crois devoir emprunter le langage du rapporteur de la loi du 28 pluviose an VIII :

« Procurer l'action, dit-il, est la principale fonction

» de l'administrateur de département : ainsi que les
» ministres , il a moins à faire par lui-même qu'à
» mettre le sous-administrateur dans l'obligation de
» faire ; et celui-ci est moins obligé à l'action qu'à
» assurer celle des municipalités qui , à leur tour, ont
» elles-mêmes presqu'autant à ordonner qu'à faire. »

« La procuration d'action est donc une partie
» importante de l'art et des devoirs de l'administration. »

« Voici une analyse des fonctions très-diverses qui
» sont comprises sous ce seul mot. »

« La première , est d'expliquer aux magistrats infé-
» rieurs le sens des lois, règlemens ou ordres qu'il
» s'agit de faire exécuter. Cette fonction peut se nommer
» *instruction*. »

« La seconde est de donner des ordres spéciaux
» que les circonstances de temps et de lieux peuvent
» exiger pour leur exécution. Cette fonction peut se
» nommer *direction*. »

« La troisième est de presser cette exécution , c'est
» *l'impulsion*. »

« La quatrième est d'en vérifier l'exécution , c'est
» *l'inspection*. »

« La cinquième est de se faire rendre compte de
» cette exécution , de recevoir les réclamations des
» personnes intéressées et les observations des préposés;
» cette fonction est la *surveillance*. »

« La sixième est d'autoriser ou de rejeter les pro-
» positions d'intérêt public auxquelles peut s'étendre le
» pouvoir de l'administration ; c'est *l'estimation* , *l'ap-
» préciation*. »

« La septième est d'approuver et de valider , ou
» de laisser sans valeur les actes qui ont besoin de
» vérification , d'approbation ; c'est le *contrôle*. »

« La huitième est de rappeler à leur devoir les
» autorités inférieures ou les agents immédiats qui les
» méconnaissent ou les oublient ; c'est la *censure*. »

« La neuvième est d'annuler les actes contraires
» aux lois et aux ordres supérieurs ; c'est la *réforma-
» tion*. »

« La dixième est de réparer les omissions ou les
» injustices ; c'est le *redressement*. »

« La onzième enfin est de suspendre les fonction-
» naires incapables , de destituer ou de faire destituer
» les négligens , de poursuivre les prévaricateurs en
» justice ; c'est la *correction* , la *punition*. »

Voilà d'une manière générale l'étendue et la portée
des fonctions du préfet.

Il doit être considéré dans ses fonctions : 1° comme
un agent du pouvoir exécutif central ; 2° comme
représentant et agent de l'administration purement
départementale.

La loi du 28 pluviôse an VIII organisatrice des
préfectures , dit que le préfet sera seul chargé de
l'administration , c'est-à-dire , qu'il remplacera les
anciennes administrations collectives établies par les
lois de la révolution. Donc, toutes les fois qu'on a à
consulter une loi de cette époque non entièrement
abrogée par une loi postérieure , et qu'on y trouve le
mot de *directoire de département* , il faut attribuer
au préfet les fonctions ci-devant attribuées au directoire
de département.

Vouloir faire une énumération complète des attributions du préfet, serait entrer dans des détails trop longs et qu'il ne serait pas d'une grande utilité de rassembler ici. Je vais donc tâcher de les rappeler, en indiquant les catégories dans lesquelles peuvent se résumer les diverses fonctions préfectorales.

Le préfet a une fonction de transmission. C'est lui qui est chargé de faire connaître dans le département à la tête duquel il est placé, les lois, ordonnances et règlemens d'administration publique.

Le préfet a une action immédiate sur les choses et les personnes ; c'est ainsi qu'il peut nommer ou destituer certains fonctionnaires publics qui sont :

Les maires et adjoints des communes au-dessous de 5,000 habitans ;

Les remplaçans provisoires des sous-préfets et du conseiller de préfecture remplissant les fonctions de secrétaire général en cas d'absence ou maladie ;

Les membres des commissions administratives et des établissemens de charité dont il règle les budgets ;

Les notaires chargés de la passation des contrats pour les biens appartenant aux pauvres,

Quatre conseillers de fabrique dans les paroisses dont le conseil est composé de neuf membres, et deux, lorsque le conseil est composé de cinq membres ;

Les médecins, chirurgiens, pharmaciens et agens comptables des hospices, sur une présentation de trois candidats par les commissions des hospices ;

Les quatre pharmaciens légalement reçus qui doivent être adjoints au jury de médecine chargé de la réception des pharmaciens ;

Les concierges et guichetiers des prisons, maisons de justice, d'arrêt et de dépôt ;

Les géomètres de première classe ;

Les préposés pour la réception en régie simple, des octrois, droits de poids publics, locations de places ;

Les employés aux ponts à bascule, les éclusiers, et en général tous les agents ordinaires de l'administration, ainsi que les experts et agents temporaires dont les affaires soumises à la préfecture peuvent exiger l'emploi ;

Les répartiteurs de contributions dans les communes ;

Les porteurs de contrainte ;

Les employés à la préfecture.

Le préfet autorise l'établissement des spectacles et l'établissement des ateliers insalubres de deuxième classe.

Il fait des règlemens pour fixer le mode de jouir des choses communes.

Il veille à la salubrité locale, à la tranquillité publique, au bon ordre.

Il arrête par des règlemens d'administration publique qui obligent les citoyens.

Dans les diverses attributions ci-dessus le préfet agit plus comme délégué du pouvoir exécutif central que comme agent départemental.

Mais il agit plus spécialement en cette dernière qualité, lorsque, exécutant les ordres du conseil général, il ordonnance les dépenses fixées dans le budget départemental et veille à ce que les fonds portés dans ce budget reçoivent l'emploi qui leur avait été destiné.

En sa qualité d'agent départemental, le préfet exerce des fonctions de tutelle administrative sur les communes et autres corporations.

Il représente le département en tant que le département est personne morale. Mais sous ce dernier rapport, il représente aussi l'état, si donc l'état et le département venaient à être en procès, sur une question domaniale par exemple, ce serait le préfet qui devrait représenter l'état, et un conseiller de préfecture le département. On peut donc dire que le préfet est le représentant de l'état et du département, mais que la première qualité domine en lui.

Le plus souvent les actes du préfet sont empreints de ces deux caractères. La distinction que j'ai voulu établir est plus théorique que pratique.

Le pouvoir dont est revêtu le préfet est presque toujours un pouvoir de commandement en sous-ordre, surtout quand il fait exécuter les lois, ordonnances, ou les délibérations du conseil général.

Dans ces divers cas son pouvoir se révèle par des actes appelés *arrêtés*.

Certains arrêtés du préfet portent le titre d'arrêtés pris en conseil de préfecture. Cela arrive, par exemple, lorsqu'il règle les comptes des receveurs des hospices et bureaux de bienfaisance. Dans ce cas et autres semblables le préfet fait acte de pouvoir exécutif; le conseil de préfecture est un comité consultatif dont il doit prendre l'avis, mais il lui est loisible de suivre ou de ne pas suivre cet avis. Il ne faudrait pas confondre de tels arrêtés avec les arrêtés du conseil de préfecture qui sont des actes de justice administrative. Dans ce dernier cas , quand le préfet siége au conseil de préfecture , c'est comme président et membre de ce conseil. Il suit de là, qu'un préfet pourrait réformer un arrêté pris par lui en conseil de préfecture , mais il ne saurait réformer un arrêté du conseil de préfecture , car , encore un coup , dans ce dernier cas , le conseil n'était pas un comité consultatif , mais un tribunal. C'est ainsi que l'a décidé une ordonnance du 7 mars 1821.

Je reviens aux arrêtés des préfets proprement dits.

On doit en distinguer de deux sortes. Les uns ont pour objet l'administration générale. D'autres n'ont pour objet que des affaires particulières. Dans le premier cas , l'arrêté ne peut être mis à exécution qu'après avoir été approuvé par l'autorité supérieure, excepté dans le cas où il ne ferait que prescrire purement et simplement la mise à exécution d'une loi ou d'une ordonnance , car alors le préfet ne fait qu'exécuter à la lettre ce que le gouvernement prescrit. Dans le cas où un arrêté du préfet a pour objet l'application de la loi à un cas particulier , l'approbation de l'autorité supérieure n'est pas nécessaire pour sa mise à exécution.

Mais l'arrété peut être réformé.

Alors on se plaindra , ou que le préfet ne s'est pas conformé aux lois en prenant cet arrêté , ou bien qu'il l'a rendu hors des attributions que lui a données la loi.

Il faut soigneusement faire cette distinction , car elle a une importance que voici :

Lorsque le préfet a décidé , ou lorsqu'on se plaint qu'il a décidé contrairement à la loi , mais dans les limites de ses attributions , c'est le ministre son supérieur hiérarchique qui est appelé à réformer l'arrêté.

Tandis que lorsque l'arrêté est attaqué pour excès de pouvoir , il faut avoir recours au corps chargé de régulariser la compétence administrative , c'est-à-dire, au conseil d'état.

Dans tous les cas , c'est au préfet qu'on s'adresse d'abord , car il est de jurisprudence qu'un administrateur peut réformer ses propres arrêtés lorsqu'ils n'ont conféré de droits à personne.

Si le préfet néglige de réformer son arrêté , c'est au ministre ou au conseil d'état, suivant la distinction précédemment admise, qu'on doit s'adresser.

Le préfet a aussi des attributions contentieuses. Il en sera parlé dans la section suivante.

Le pouvoir administratif du préfet a des limites fondées sur ce principe que le préfet n'est qu'un administrateur subordonné , d'où il suit qu'il ne peut :

« Ni refuser , ni modifier l'exécution des ordon-
» nances royales et des décisions des ministres. »

« Ni prendre des décisions contraires à celles des
» ministres tant que ces dernières ne sont pas réformées
» par l'autorité supérieure. »

« Ni dresser, interpréter, restreindre, ou étendre
» des règlemens d'administration publique. »

« Ni statuer sur des prétentions rejetées par l'admi-
» nistration supérieure. »

« Ni introduire, ni permettre définitivement l'éta-
» blissement des usines. »

« Ni en général faire ces actes de règlement et de
» haute administration qui ne peuvent émaner de l'au-
» torité secondaire et locale , mais de l'autorité centrale
» et souveraine du roi , sur la proposition de ses minis-
» tres. » (1)

Le conseil d'état a décidé par un avis du 27 décembre 1810 que les préfets ne peuvent plus réformer
les arrêtés des anciennes administrations centrales de
département , que c'est à l'autorité supérieure qu'appartient ce droit.

Le préfet a sous sa direction immédiate , les maires ,
sous-préfets et autres administrateurs dépendans plus
particulièrement du ministre de l'intérieur.

Pour seconder le préfet, il y avait autrefois dans
chaque préfecture un secrétaire général, qui, pendant
que le préfet était au chef-lieu n'était qu'archiviste ou
chef de bureau. Mais qui pouvait le remplacer quand
il s'absentait. Aujourd'hui ce n'est que dans les cinq
ou six départemens les plus peuplés qu'on a conservé ce
fonctionnaire.

Ces fonctions sont remplies dans les autres départemens par un membre du conseil de préfecture.

Si le préfet s'absente , il peut être remplacé par le
secrétaire général ou par un membre du conseil de
préfecture désigné par le ministre , s'il s'absente du
département; par le préfet lui-même, s'il s'absente du
chef-lieu. S'il n'y a pas eu de désignation , c'est le
plus ancien conseiller qui remplace le préfet.

---

(1) Cormenin. (*Droit administratif*, tome I.)

SECTION III.

DU CONSEIL DE PRÉFECTURE. — DES ATTRIBUTIONS CONTENTIEUSES DU PRÉFET.

Cette section fera l'objet de deux paragraphes. Dans le premier, je traiterai du conseil de préfecture, dans le second, des attributions contentieuses du préfet.

§ I.

DU CONSEIL DE PRÉFECTURE.

Celui qui jette un coup d'œil sur le système administratif d'un pays gouverné par des lois et non complétement soumis à la volonté arbitraire d'un seul, s'aperçoit que l'administration doit suivre des règles dont l'objet est de concilier des garanties pour les administrés avec l'action prompte et sans entraves du pouvoir exécutif. Le pouvoir exécutif, avons-nous dit, procède, soit en agissant directement, soit en procurant l'action. Mais dans cette procuration d'action, des difficultés peuvent surgir; souvent des intérêts lésés fondés sur des droits acquis provoquent de la part des administrés des plaintes qui se traduisent en réclamations; la plupart du temps des individus se plaignent d'une loi mal exécutée ou enfreinte. Dans ce cas, comment faire ? Donnera-t-on à l'administrateur le droit de vider lui-même la contestation. Mais c'est souvent de lui qu'on se plaint, et s'il lui appartenait de décider, il arriverait qu'il serait juge et partie.

Pour résoudre ce problème deux moyens se présentaient au législateur.

L'un consistait à donner au pouvoir judiciaire la puissance d'intervenir et de faire droit aux réclamations. L'autre, à créer, au sein même du pouvoir exécutif, une justice spéciale appelée à ne connaître que des cas de ce genre.

Les premiers législateurs de la révolution rejetèrent le premier parti ; on avait sous les yeux l'histoire de l'ancienne monarchie, on ne voulait pas voir renaître les usurpations des anciens parlemens qui n'avaient été que des entraves à l'action du pouvoir. On ne voulait après tout donner à la puissance judiciaire que des attributions bien nettes, bien définies, et c'est pour cela qu'on ne lui attribua pas le contentieux administratif. C'était, on le sentait, lui ouvrir une porte pour pénétrer dans le pouvoir exécutif et s'y immiscer. On créa donc une justice administrative. L'assemblée constituante la confia à un conseil des ministres et aux administrations de département et de district. En cela elle n'agit pas rationnellement. Elle se jeta dans un excès contraire en confondant aussi ce qui aurait dû être divisé. Elle concentra dans les mêmes mains et sur la tête des mêmes individus, des mêmes assemblées, des attributions purement actives et des attributions d'administration contentieuse.

La Convention fut encore plus loin.

Loin de diviser les pouvoirs, elle tâcha de les réunir dans un même corps. On avait à se défendre contre l'Europe, il fallait de l'unité, on la poussa jusqu'à l'exaltation.

En l'an III, le directoire central et le directoire de département héritèrent des attributions actives et contentieuses du conseil des ministres et des assemblées départementales.

En l'an VIII, on créa un nouveau système, on divisa ce qui avait été confondu. Au sommet de l'administration le contentieux administratif fut confié à un conseil d'état ; dans le département à un conseil de préfecture. Voici ce que disait M. Rœderer, rapporteur de la loi du 28 pluviose an VIII, au sujet de cette dernière institution.

« Remettre le contentieux de l'administration à un
» conseil de préfecture a paru nécessaire pour ménager

» au préfet le temps que demande l'administration ,
» pour garantir aux parties qu'elles ne seront pas jugées
» sur des rapports et des avis de bureau ; pour donner
» à la propriété des juges accoutumés au ministère de
» la justice , à ses règles, à ses formes. Pour donner
» tout à la fois à l'intérêt particulier et à l'intérêt public,
» la sûreté qu'on ne peut guère attendre d'un jugement
» rendu par un seul homme ; car cet administrateur
» qui balance avec impartialité les intérêts collectifs
» peut se trouver prévenu et passionné , quand il s'agit
» de l'intérêt d'un particulier , et être sollicité par ses
» affections et ses haines personnelles à trahir l'intérêt
» public et à blesser les droits des particuliers. »

Le conseil d'état de l'an VIII remplaçait l'ancien conseil privé de l'ancienne monarchie , comme la cour de cassation remplaçait le conseil des parties , comme les cours d'appels et les tribunaux de première instance remplaçaient les parlemens , présidiaux , sénéchaussées et baillages , avec des attributions mieux définies et partant d'une manière mieux ordonnée. Sous l'ancienne monarchie le roi jugeait par délégation dans les parlemens, par lui-même et en personne dans son conseil. Sous le régime consulaire et impérial , il se passa quelque chose d'analogue.

Dans le département, le conseil de préfecture prit les attributions du contentieux administratif en première instance réparties sans ordre , avant la révolution, entre les parlemens, les amirautés, échevinages, consulats , tribunaux d'élection , greniers à sel ; dédale obscur où pour se reconnaître ce n'était pas trop de tous les trésors de jurisprudence de nos vieux jurisconsultes.

Les conseils de préfecture furent organisés par la loi du 28 pluviose an VIII , laquelle contient aussi , comme je l'ai déjà observé plus haut, plusieurs des bases de l'organisation départementale qui nous régit aujourd'hui.

Suivant cette loi qui se trouve surtout conservée relativement à la composition et aux attributions du conseil de préfecture, les membres de ce corps sont nommés par le roi. Ils sont amovibles.

Il se compose de trois, quatre ou cinq membres, suivant l'importance du département. C'est le préfet qui le convoque et le préside , il a voix prépondérante en cas de partage. Si le préfet est absent , c'est le plus ancien membre du conseil de préfecture qui préside. Il a pareillement voix prépondérante en cas de partage. Si le conseil de préfecture n'est pas complet, c'est-à-dire, s'il n'y a pas trois membres pour le composer , c'est un membre du conseil général qui supplée le conseiller de préfecture absent ou empêché. Un décret impérial du 16 juin 1808 a décidé que si les membres du conseil de préfecture étaient tous à la fois forcément empêchés d'exercer leurs fonctions, ils seraient suppléés par un nombre égal de membres du conseil général désignés par le ministre de l'intérieur sur la présentation du préfet.

Le même décret décide que dans ces deux cas le choix ne peut se porter sur des membres du conseil général qui sont en même-temps juges dans les tribunaux.

Les membres du conseil de préfecture pour rendre une délibération valable doivent délibérer au nombre de trois au moins. En cas de partage on emploie pour décider définitivement, les mêmes moyens que dans les tribunaux judiciaires.

Ici s'élève la question de savoir si les conseillers de préfecture peuvent être récusés.

M. de Cormenin soutient la négative : « Sans cela, dit-il, il arriverait qu'au gré de l'intérêt, des passions ou des menaces d'un citoyen, l'administration dont la marche doit être rapide, serait sans cesse prolongée. Tous actes de récusation des préfets ou des conseillers de préfecture n'étant pas autorisés par les lois sont annulés par le conseil d'état, ainsi que les arrêtés qui les admettent. » M. de Cormenin cite à l'appui de son opinion un arrêté du 19 fructidor an IX et une ordonnance royale de 1826.

A cela je répondrai en observant que le conseil de préfecture est destiné à rendre justice, qu'en définitive il forme un tribunal ; or, pour que bonne justice soit rendue, il faut que la récusation soit admise. On dit que dans ce cas la marche de l'administration serait prolongée ? — Cette raison ne me touche pas, car on trouve bien moyen de remplacer un conseiller de préfecture quand il est empêché pour cause de maladie, ou quand il est appelé à remplir d'autres fonctions ; et d'ailleurs compte-t-on pour rien cette raison de bonne justice, et ne doit-on pas un peu faire fléchir devant elle le motif tiré de la promptitude de l'administration. L'arrêt réglementaire du conseil que cite **M.** de

Cormenin à l'appui de son opinion est contre cette opinion même. Cet arrêt reconnaît en effet le droit de récusation, car il porte « que le service des suppléans » au conseil de préfecture sera gratuit en cas de récu- » sation, maladie ou partage. » La jurisprudence reconnaît aussi ce droit de récusation. La loi n'en a pas réglé l'exercice, j'en conviens, mais n'avons-nous pas pour combler cette lacune l'analogie, qui, de l'avis des jurisconsultes administratifs et de M. de Cormenin lui-même, le plus éminent de tous, est dans cette matière d'une si grande utilité. Prenons donc le code de procédure et appliquons ici la disposition relative à la récusation devant les tribunaux civils. C'est la marche rationnelle. (1)

Il y a incompatibilité entre les fonctions de conseiller de préfecture et certaines autres fonctions, entr'autres avec celles de notaire.

___

(1) L'opinion que je soutiens est professée par M. Foucart (*Élémens de Droit public et administratif*), et par M. Émile Dubois (*Compétence des conseils de préfecture.*)

Je passe aux attributions des conseils de préfecture.

Aux termes de la loi du 28 pluviose an VIII, ils sont compétens pour décider :

1° Sur la demande des administrés tendant à obtenir la décharge ou la réduction de leur cote de contributions directes.

2° Sur les difficultés qui peuvent s'élever entre les entrepreneurs de travaux publics et l'administration, concernant le sens ou l'exécution des clauses de leurs marchés.

3° Sur les réclamations des administrés qui se plaignent de torts et dommages procédant du fait personnel des entrepreneurs et non du fait de l'administration.

4° Sur les demandes et contestations concernant les indemnités dues aux propriétaires, à raison des terrains enlevés, pris ou fouillés pour la confection des chemins, ou autres ouvrages publics.

5° Sur les difficultés qui peuvent s'élever en matière de grande voirie. Dans ce cas, les fonctions du conseil de préfecture consistent à réprimer des contraventions. (1)

6° Sur les demandes présentées par les communautés des villes, bourgs et villages, pour être autorisées à plaider, vendre, aliéner, échanger.

7° Sur le contentieux du domaine public, par exemple, sur les contestations relatives aux concessions d'icelui, aux ventes des domaines nationaux, aux transferts de

---

(1) Ces attributions sont plutôt de police correctionnelle qu'administratives.

rentes, aux adjudications de bois de l'état et autres opérations forestières.

Voilà la compétence que la loi du 28 pluviose an VIII, organatrice des conseils de préfecture, leur avait donnée.

Des lois et ordonnances postérieures ont encore étendu cette compétence. Ainsi, ils donnent leurs avis sur l'érection des établissemens insalubres de première classe, ils prononcent sur les oppositions formées aux arrêtés du préfet qui ont autorisé ceux de seconde classe, et sur les réclamations contre les décisions prises sur ceux de troisième classe.

Les conseils de préfecture jugent en matière d'élection : les demandes en nullité des élections des conseillers municipaux, des conseillers de département et des conseillers d'arrondissement, lorsque les formes prescrites n'ont pas été observées.

Par l'énumération que je viens de faire, on voit : que le conseil de préfecture est tantôt juge du contentieux, tantôt donneur d'avis ; dans ce dernier cas, ses attributions sont dites *quasi contentieuses* ; il donne au préfet des avis auxquels celui-ci n'est pas obligé de se conformer pour décider, mais qu'il est obligé de prendre. Dans ce cas, les attributions du préfet peuvent être contentieuses, sinon dans la forme, du moins au fond. Ainsi, par exemple, la loi du 21 mars 1831 dispose que tout appel contre une décision du maire rendue au sujet de l'inscription sur les listes électorales sera porté devant le préfet en conseil de préfecture. Au fond, la matière est contentieuse, j'irai même

jusqu'à dire qu'elle l'est pour le préfet. Mais pour le
conseil dont le préfet doit prendre l'avis , sauf à s'y
conformer ou à ne pas s'y conformer , elle n'est pas
tout-à-fait contentieuse , et on l'a très-bien qualifiée
quand on a dit que dans ce cas elle était *quasi contentieuse*.

Les attributions du conseil de préfecture sont tout-
à-fait exceptionnelles ; il suit de là que pour qu'ils
puissent connaitre d'une affaire , il faut que des lois
formelles leur en aient attribué la connaissance , quand
bien même par sa nature elle tiendrait au contentieux
administratif.

Ainsi le conseil de préfecture ne pourrait :

Ni prononcer sur les marchés passés par les ministres ou leurs agens ;

Ni statuer sur les marchés passés entre une régie et
des particuliers ;

Ni statuer en matière de déchéance ou de décomptes
des biens nationaux ;

Ni statuer par interprétation générale des ordonnances , ni interpréter particulièrement des ordonnances
royales réglementaires ou autres ;

Ni évoquer ou retenir des questions judiciaires , ni
interpréter , appliquer ou modifier des arrèts et jugemens passés en force de chose jugée.

Ni connaitre des questions de propriété ou d'indemnité en même temps qu'ils statuent sur des questions
de contravention.

Un arrèt réglementaire du 13 brumaire an X défend
aux conseils de préfecture d'élever des conflits. Cet

arrêt est intervenu pour mettre fin à des abus naissans qui auraient pu par la suite occasionner une véritable confusion de pouvoirs. Plusieurs conseils de préfecture évoquaient en effet, comme administratives, des affaires pendantes devant les tribunaux , après avoir élevé d'eux-mêmes des conflits de juridiction.

Les conseils de préfecture ont une compétence toute administrative. Ils ne doivent pas empiéter sur les attributions de l'ordre judiciaire ; car , quoiqu'ils décident comme tribunaux , ils sont bien plus des agens de l'administration que des corps judiciaires. C'est ainsi du moins que les ont considérés les auteurs de la loi du 28 pluviôse an VIII. Ils s'empressèrent de poser ce principe. Mais à peine l'eurent-ils proclamé qu'ils semblèrent l'oublier ; ce ne fut , toutefois, que pour des matières exceptionnelles qu'ils y dérogèrent. Ainsi , à l'époque de leur création beaucoup de questions se présentaient sur la validité des ventes des biens nationaux et sur l'interprétation de ces actes de vente. C'était là des questions de droit privé qui , d'après les vrais principes, devaient être soumises à l'autorité judiciaire. Cependant on les attribua aux conseils de préfecture , et en cela, on ne fit que leur confier une attribution qui appartenait auparavant aux administrations de département ou de district. C'est que la vente des biens nationaux avait été un fait révolutionnaire d'une immense portée, le plus important de tous peut-être, et c'est pour cela qu'on crut utile de ne confier les difficultés qui s'élevaient à ce sujet qu'à des institutions purement révolutionnaires, et qui, par leur organisation, ne pussent pas faire obstacle à l'accomplissement de cette grande et utile mesure prise par les assemblées législatives d'alors. Mais aujourd'hui la matière n'a presque plus d'intérêt, en sorte qu'on peut dire que les conseils de préfecture ont leurs attributions restreintes dans des limites naturelles. Ils ne sortent pas, ils ne doivent pas sortir du cercle des matières administratives.

Dès lors, ils excéderaient leur compétence :

S'ils statuaient sur des questions incidentes non administratives qui s'élèvent devant eux ;

S'ils ordonnaient ou réglaient des questions de fruits ou autres jouissances, lors même qu'ils statueraient sur le fond.

De ce principe que les conseils de préfecture forment des juridictions purement administratives, combiné avec cet autre principe que leurs attributions même administratives sont exceptionnelles, il suit :

Qu'ils ne peuvent connaitre que des cas administratifs bien définis et qui leur sont formellement attribués. Ainsi, ils ne pourraient sans excéder leur pouvoir : maintenir, réformer ou modifier des sentences arbitrales, des jugements et arrêts des tribunaux et cours, ni les arrêtés des préfets ou des anciennes administrations centrales ni leurs propres arrêtés contradictoirement rendus, pas plus que les décisions de l'autorité supérieure.

Cette énumération est évidemment incomplète, elle suffit cependant pour faire comprendre l'esprit de l'institution. Il m'eût été facile d'aborder plus de détails. Mais il n'entre pas dans le cadre de cet ouvrage de faire un cours de jurisprudence administrative. J'observerai seulement sur ce point , que dans les affaires mixtes , c'est-à-dire , qui ont des points de contact avec le droit privé et le droit administratif, la compétence se trouve scindée : le conseil de préfecture doit retenir la partie contentieuse , renvoyer devant le préfet la partie purement administrative , et devant les tribunaux la partie purement judiciaire.

Cependant avant de quitter ce sujet , il est nécessaire de dire un mot de la procédure à suivre devant les conseils de préfecture.

Il n'y a là-dessus aucune loi , aucun règlement d'administration publique , cette procédure a été réglée par l'usage et la jurisprudence. Immédiatement après l'organisation des conseils de préfecture , on s'était appuyé sur l'analogie pour établir quelques règles de procédure , et on avait pris pour cette juridiction le mode de procéder devant le conseil d'état. Ces derniers erremens subsistent encore pour les conseils de préfecture , mais ils ne sont plus fondés sur une analogie actuelle ; car devant le conseil d'état, une loi récente a établi la publicité des audiences et les plaidoiries orales. Il ne se pratique rien de semblable devant les conseils de préfecture. Cette juridiction n'a pas de prétoire , on ne voit pas auprès d'elle de ministère public comme auprès des tribunaux civils , criminels et du conseil d'état lui-même. Enfin les audiences du conseil de préfecture ne sont pas publiques. , on n'admet pas de pladoiries orales , et l'on procède devant eux sans le ministère d'avoués ou d'avocats.

Les affaires sont introduites devant le conseil de préfecture par les particuliers ou par le préfet.

Si l'affaire est introduite par un particulier, c'est cependant au préfet qu'il convient de s'adresser d'abord, car il n'y a pas à proprement parler de greffe dans les conseils de préfecture, il y a seulement au secrétariat un registre destiné à tenir note des affaires, registre dans lequel on peut en enregistrant les affaires donner date certaine de leur récépissé. (1)

Le particulier joindra à l'affaire un mémoire explicatif.

Si l'affaire est introduite par l'administration, l'arrêté du préfet et la copie des pièces suffisent pour saisir le conseil.

L'affaire ainsi mise sous les yeux du conseil, il nomme un de ses membres pour l'examiner plus spécialement et en faire le rapport.

Quelquefois le conseil a besoin de renseignemens pour éclairer sa religion. Dans ce cas, il peut ordonner des apports de pièces, des interlocutoires, des rapports d'experts, des vérifications de lieu.

Les décisions du conseil en matière contentieuse portent le nom d'arrêtés.

Les arrêtés des conseils de préfecture sont contradictoires ou par défaut.

Est contradictoire un arrêté par lequel une partie a fait un acte qui fait présumer de sa part qu'elle a agi en instance. Tel est un mémoire explicatif.

---

(1) Émile Dubois. (*Compétence des conseils de préfecture.*)

Mais si les parties intéressées dûment appelées n'ont pas comparu, l'arrêté est par défaut.

Mais l'arrêté n'est pas par défaut, quand une partie n'ayant pas été dûment appelée n'a pas comparu. Alors il y a un vice radical dans la procédure et le conseil d'état doit l'annuler et casser l'arrêté, s'il en a été pris.

Pour faire réformer un arrêté par défaut, on doit l'attaquer par la voie de l'opposition.

Plusieurs arrêts du conseil d'état ont décidé qu'un arrêté pouvait être attaqué par la voie de l'opposition jusqu'à l'exécution.

Quand un arrêté a été rendu par un conseil de préfecture, pour le mettre à exécution, il faut le faire signifier à la personne contre lequel il a été rendu. Cette signification, étant le préliminaire de toute exécution, fait aussi courir les délais du pourvoi. Elle doit être faite par le ministère d'un huissier.

Un arrêté du conseil de préfecture a les effets d'un jugement ordinaire, il emporte hypothèque et exécution parée, quelquefois même la contrainte par corps.

Les préfets ne doivent pas revêtir les arrêtés du conseil de préfecture de la formule exécutoire.

Les conseils de préfecture ne peuvent connaître eux-mêmes des difficultés d'exécution de leurs arrêtés. C'est aux tribunaux ordinaires qu'appartient cette attribution.

Les affaires administratives étant d'urgence, il a été décidé que les arrêtés des conseils de préfecture sont exécutoires, nonobstant pourvoi au conseil d'état.

C'est devant le conseil d'état qu'on défère un arrêté

du conseil de préfecture, quand on veut le faire réformer par la voie de l'appel. Mais on ne saurait déférer au conseil d'état pour y être réformé un simple avis du conseil de préfecture.

Du principe que dans les matières administratives on admet deux degrés de juridiction, il résulte : qu'on ne peut déférer en appel au conseil d'état des chefs de demande sur lesquels l'administration n'a pas statué en première instance.

A la règle des deux degrés de juridiction les trois exceptions suivantes ont été signalées par M. de Cormenin. Les voici : 1° On ne peut attaquer devant le conseil d'état les arrêtés des conseils de préfecture rendus en matière de l'annulation des partages des biens communaux, parce qu'ils sont préalablement soumis à l'approbation du ministre de l'Intérieur. 2° Les avis donnés aux préfets, j'en ai dit la raison plus haut, ce ne sont pas des décisions en matière contentieuse. 3° Les autorisations de plaider, soit en demandant, soit en défendant, accordées aux communes, hospices et établissements publics. Ce sont là des actes de tutelle inattaquables de la part des tiers.

Il y a un délai pour se pourvoir au conseil d'état. Plusieurs décrets impériaux en ont fixé la durée à trois mois. Ce délai est fatal. Il court du jour de la notification par huissier. Il est applicable à tous les justiciables, à l'administration comme aux particuliers. Mais il n'y pas lieu à recourir au conseil d'état pour faire ordonner qu'un conseil de préfecture soumettra à un nouvel examen une affaire qu'il a jugée par défaut, car dans ce cas la voie de l'opposition est le droit.

Lorsqu'on attaque un conseil de préfecture pour excès de pouvoir, le conseil d'état casse l'arrêté. Quand le conseil d'état statue sur les questions de compétence qui s'élèvent entre les autorités administratives, il n'est pas cour d'appel, mais cour de cassation. C'est aussi à titre de cour de cassation qu'il annulle les arrêtés des conseils de préfecture qui n'ont pas été rendus en la forme.

Outre l'opposition et le pourvoi devant le conseil d'état, la jurisprudence admet d'autres moyens d'attaque contre les arrêtés des conseils de préfecture.

On peut attaquer un arrêté par la voie de la tierce opposition. C'est le moyen que doivent employer les particuliers lésés ou se prétendant lésés par un arrêté du conseil de préfecture qui n'a pas été rendu contradictoirement avec eux.

Mais on ne saurait attaquer un arrêté du conseil de préfecture par la voie de la requête civile, parce que la requête civile est un moyen tout-à-fait extraordinaire d'attaquer les jugemens, que la procédure en est trop longue pour les affaires administratives ordinaires qui sont d'urgence, et qui par conséquent doivent être expédiées avec célérité.

§ II.

DES ATTRIBUTIONS CONTENTIEUSES DU PRÉFET.

En règle générale les préfets sont des administrateurs, des agens du pouvoir exécutif. Toutefois, il est des cas où on a cru devoir faire fléchir cette règle et leur donner des attributions contentieuses.

Alors, comme je l'ai observé plus haut, le préfet prononce seul ou en conseil de préfecture.

Il prononce seul :

1º En matière de marchés de fourniture passés avec les régies.

2º En matière de décomptes du prix de vente des biens nationaux.

3º En matière de grande voirie, sur le recours contre les arrêtés des sous-préfets, et en matière de voirie urbaine, sur les arrêtés des maires.

4° En matière de courses de chevaux, sur le règlement du prix des courses;

5° En matière de contributions directes, sur les demandes en remise et modération pour cause de pertes éprouvées par des évènemens extraordinaires.

Quand s'élève la question de savoir si une affaire doit être portée devant la juridiction ordinaire, ou devant la juridiction administrative, c'est le préfet qui élève un conflit d'attribution, revendique l'affaire comme devant être portée devant la juridiction administrative, et le conseil d'état prononce.

Le préfet, dans certains cas contentieux où il lui appartient de décider, doit prendre au préalable l'avis du conseil de préfecture.

C'est : 1° En matière de changement de mode de jouissance des biens communaux;

2° En matière de cadastre;

3° En matière électorale;

4° En matière de règlement de compte des hospices et autres établissemens de bienfaisance;

5° En matière d'autorisation pour les acquisitions, aliénations et échanges concernant les chemins communaux, ainsi que leur entretien;

6° En matière de comptabilité communale;

7° En matière d'octroi;

8° En matière d'octroi de navigation, sur les contestations relatives au paiement de l'octroi;

9° En matière de garde nationale;

10° En matière d'abonnement des droits de vente, des boissons en détail, et autres cas prévus par les lois et ordonnances.

SECTION IV.

LE DÉPARTEMENT CONSIDÉRÉ COMME PERSONNE MORALE.

Jusqu'ici j'ai parlé des corps constitués, ou des autorités qui sont à la tête du département, il ne me reste plus qu'à en dire un mot, en tant qu'on le considère comme personne morale.

A ce dernier titre il a des biens. Il peut en acquérir à titre gratuit ou onéreux. Il peut ester en jugement, soit en demandant, soit en défendant. Il peut emprunter.

L'assemblée constituante n'avait considéré le département que comme une division administrative destinée à faciliter l'action du pouvoir central. Aussi elle ne lui avait donné ni personnalité, ni budget, ni propriété. La loi du 28 messidor an IV la première, mit certaines dépenses à la charge du département. La loi du 15 frimaire an VI prescrivit quelques règles qui devaient présider à la composition du budget départemental, lequel ne fut toutefois créé véritablement que par la loi du 28 ventôse an XIII.

Cependant, d'après ces lois, le département n'eut pas véritablement une propriété. Ce droit ne lui fut concédé que par un décret du 9 avril 1811 dont voici les termes :

« Sur le rapport de notre ministre des finances, relatif aux bâtimens nationaux occupés par les corps administratifs, duquel il résulte que l'état ne reçoit aucun loyer de la plus grande partie de ces bâtimens, que néanmoins notre trésor impérial a avancé des sommes considérables pour leur réparation ; que l'intérêt particulier de chaque département autant que celui de notre trésor, serait que les départemens, arrondissemens et communes fussent propriétaires desdits édifices au moyen de la vente qui leur en serait faite par l'état, et dont le prix capital serait converti en rentes remboursables par dixièmes. »

« Vu les lois des 23 octobre 1790, 7 février et 6 août 1791, article 11 de la loi du 24 août 1793, et l'avis de notre conseil d'état approuvé par nous le 3 nivose an VIII, la loi du 11 frimaire an VII, ensemble les arrêtés du gouvernement des 26 ventôse et 27 floréal an VIII , et du 25 vendémiaire an X, et notre décret du 26 mars 1806 ; »

« Considérant que les bâtimens dont il s'agit n'ont pas cessé d'être la propriété de l'état ; »

« Voulant néanmoins donner une nonvelle marque de notre munificence impériale à nos sujets de ces départemens, en leur épargnant les dépenses qu'occasionnerait tant l'acquisition desdits édifices que le remboursement des sommes avancées par notre trésor impérial pour réparations. »

« Notre conseil d'état entendu , »

« Nous avons décrêté et décrêtons ce qui suit : »

« Article 1er. — Nous concédons gratuitement aux départemens , arrondissemens et communes la pleine propriété des édifices et bâtimens nationaux , actuellement occupés pour le service de l'administration des cours et tribunaux , et de l'instruction publique. »

« Article 2. — La remise de la propriété des bâtimens sera faite par l'administration de l'enregistrement et des domaines aux préfets , sous-préfets et maires , chacun pour les établissemens qui les concernent. »

Article 3. — Cette concession est faite à la charge par lesdits départemens , arrondissemens et communes, chacun en ce qui le concerne , d'acquitter à l'avenir la contribution foncière , et de supporter les grosses et menues réparations , suivant les règles et dans les proportions établies pour chaque local , suivant la loi du 11 frimaire an VIII , sur les dépenses départementales , municipales et communales , et par l'arrêté du

16

28 floréal an VIII pour le paiement des dépenses judiciaires. »

A vrai dire la concession que faisait le décret qui vient d'être cité, n'était réellement pas une générosité en faveur des départemens, elle ne faisait que leur imposer des charges de plus et elle grevait le département sans dégrever le trésor national. Mais souvent le bien nait du mal lui-même. C'est ce qui arriva ici. En concédant des propriétés aux départemens, en mettant à leur charge l'entretien de certains édifices et terrains publics, on ôta au pouvoir législatif et à l'administration centrale l'embarras d'articles minutieux qui auraient surchargé le budget national. De cette manière aussi l'autorité locale de chaque département fut plus à portée de pourvoir judicieusement aux dépenses d'entretien que nécessitaient ces propriétés devenues départementales, et put en surveiller l'emploi plus strictement et plus minutieusement.

La propriété départementale a été reconnue par d'autres lois postérieures, entr'autres par la loi de 1833 sur l'expropriation pour cause d'utilité publique, et par la loi du 10 mai 1838.

Les propriétés départementales sont de deux sortes : les unes sont destinées à un service public, tels sont les bâtimens des palais de justice, les hôtels de préfecture et de sous-préfecture, les bâtimens d'école normale, les hospices d'aliénés, etc.

Le département peut avoir aussi des biens patrimoniaux, c'est-à-dire, les biens destinés à lui donner un revenu , et sur lesquels il exerce les mêmes droits que les particuliers sur leurs propriétés privées. Ce sont :

Les biens non destinés à un service public , acquis par un département à titre gratuit ou onéreux ;

Les propriétés destinées d'abord à un service départemental , et qui , excédant les besoins de ce service , peuvent avec l'autorisation du ministre être données à bail ou exploitées de toute autre manière.

Le département étant une personne morale capable d'avoir des biens en propriété , a la faculté de faire les actes de la vie civile. Il peut aliéner , échanger , acquérir à titre gratuit ou onéreux , emprunter , ester en jugement.

L'assemblée constituante redoutait fortement les obstacles qui viendraient entraver l'unité nationale. « L'état est un , disait-elle , les départemens ne sont » que des sections du même tout , une administration » uniforme doit donc les embrasser tous dans l'établis- » sement d'un régime commun. Si les corps adminis- » tratifs indépendans et en quelque sorte souverains » dans l'exercice de leur fonction , avaient le droit de » varier à leur gré les principes et la forme de leur » administration , la contrainte des mouvemens partiels, » détruisant bientôt la régularité du mouvement général, » produirait la plus fâcheuse anarchie. » Cette crainte qui agitait les membres de l'assemblée constituante , les législateurs du consulat et de l'empire l'éprouvaient aussi. Ils craignaient , de plus , que les départemens et les communes n'en vinssent à s'engager dans des dépenses trop fortes , faire des dettes et compromettre le présent sans prévision de l'avenir. (1) C'est pour cela que les départemens, en tant que personne morales, furent considérés comme des mineurs, et non seulement les départemens furent considérés comme tels, mais toutes les autres corporations administratives, les communes, les hospices, les fabriques. Aussi sont-elles toutes soumises à une tutelle qui est principalement confiée au conseil d'état et aux conseils de préfecture. Mais ces deux n'en sont pas seuls chargés, quelquefois la législature et les conseils généraux sont appelés à émettre leur vote à ce sujet.

Examinons particulièrement ce qui se passe pour le département qui fait l'objet de ce chapitre.

Et d'abord, parlons de l'administration des biens départementaux.

Au préfet en est confiée la gestion. Mais encore sur ce point il est tenu de se conformer au vote du conseil général. Il y a plus, c'est que les baux qui pourraient être faits, ou les modes de gestion qui pourraient être adoptés doivent être soumis à l'approbation du ministre. On verra plus bas que les conseils municipaux et les maires ont beaucoup plus de liberté pour la gestion des biens appartenant aux communes. Cette différence

---

(1) L'expérience a prouvé que ces craintes étaient fondées à beaucoup d'égards. Mais cela ne viendrait-il pas un peu de la mauvaise constitution soit du département, soit de la commune ? Je ne fais qu'indiquer ici cette question, me réservant d'en disserter plus au long dans la troisième partie de cet ouvrage.

vient de l'origine et de la destination des deux espèces
de biens : les propriétés du département lui ayant été
accordées ou censées accordées par l'état dans l'intérêt
d'un service public , ce dernier a intérêt à exercer une
plus grande surveillance sur cette gestion que sur celle
des biens des communes qui forment plus particulièrement leur patrimoine et ont la même origine que les
propriétés ordinaires.

J'ai dit que les départemens pouvaient acquérir ; ils
le peuvent à titre gratuit ou à titre onéreux.

Le département acquiert à titre gratuit , quand par
une loi l'état lui fait concession d'une portion du
domaine national. Ou bien quand un particulier fait
don par acte entre vifs ou par testament de tout ou
partie de son bien au département.

Dans ce dernier cas, on applique la disposition de
l'article 910 (1) du code civil qui porte que : « les

---

(1) L'art. 910 du Code civil que je cite ici ne parle que des
hospices, établissemens de bienfaisance et communes , mais
il ne parle pas du département. Pourquoi cependant , ap-
plique-t-on sa disposition au département ? En voici les
raisons : c'est qu'il y a une analogie complète entre le département et la commune , comme cette dernière, en effet ,
le département ne peut faire aucun acte de la vie civile, sans
l'intervention tutélaire de l'autorité supérieure. Et si le
Code civil a parlé de la commune sans parler du département, c'est qu'à l'époque où cet article a été rédigé le principe de la propriété départementale n'était pas encore admis
dans la législation.

» dispositions **entre vifs** ou par testament au profit des
» hospices , des pauvres d'une commune , ou d'établis-
» semens d'utilité publique , n'auront leur effet qu'autant
» qu'ils seront autorisés par une ordonnance royale. »

C'est le préfet qui doit accepter la donation.

Quand aux autres acquisitions ou aliénations , voici comment on procède.

Le conseil général délibère. La délibération est envoyée au ministre qui prend l'avis du conseil d'état. Puis intervient une ordonnance royale qui accorde ou qui refuse l'autorisation.

Cette manière d'agir entraîne quelques lenteurs que justifie la prudence quand il s'agit d'un intérêt majeur, mais qui deviennent plus embarrassantes qu'utiles quand il n'y a en jeu qu'un objet d'une valeur minime. Aussi la loi de 1838 a-t-elle disposé : que lorsqu'il s'agit d'une valeur n'excédant pas 20,000 francs , un arrêté du préfet , pris en conseil de préfecture , suffit pour autoriser l'acquisition ou l'aliénation.

Un département ne peut emprunter qu'en vertu d'une loi qui l'y autorise spécialement , et qui fixe le mode de remboursement de la dette et du service des intérêts.

En sa qualité de personne morale , le département peut paraître en justice , soit en demandant , soit en défendant. Dans ces deux cas , c'est le préfet qui le représente.

Quand le département est demandeur , le préfet ne doit agir qu'avec une délibération du conseil général et une autorisation du roi donnée en conseil d'état.

Si , après un jugement rendu en première instance ,

cet administrateur croit devoir appeler , les mêmes autorisations sont nécessaires.

Si le département est défendeur , la délibération du conseil général suffit pour que le préfet puisse ester en jugement.

En cas d'urgence, le préfet peut intenter toute action ou y défendre sans délibération du conseil général , ni autorisation préalable.

Il fait tous les actes conservatoires ou interruptifs de la déchéance.

En cas de litige entre l'état et le département , l'action est intentée ou soutenue au nom du département , par le membre du conseil de préfecture le plus ancien en fonctions.

CHAPITRE II.

DE L'ARRONDISSEMENT.

Le département se divise en arrondissemens.

A la tête de l'arrondissement est un agent du pouvoir exécutif appelé sous-préfet. Auprès du sous-préfet, est un corps délibérant appelé conseil d'arrondissement.

SECTION I.

DU CONSEIL D'ARRONDISSEMENT.

Le conseil d'arrondissement se compose d'autant de membres que l'arrondissement a de cantons, sans que le nombre des conseillers puisse être moindre de neuf.

Si le nombre des cantons composant l'arrondissement est moindre de neuf, une ordonnance royale répartira entre les cantons les plus peuplés le nombre des conseillers d'arrondissement à élire pour complément.

Les conseillers d'arrondissement sont élus par les électeurs de la même manière que les membres du conseil général.

Le conseil d'arrondissement est subordonné sur presque tous les points de ses attributions au conseil général, et c'est pour cela que la loi a décidé qu'un citoyen ne pourrait être à la fois membre d'un conseil général et d'un conseil d'arrondissement.

La loi a décidé aussi que nul ne pourrait faire partie de deux conseils d'arrondissement à la fois.

Les membres du conseil d'arrondissement sont renouvelés par moitié tous les trois ans ; un membre du conseil d'arrondissement est donc élu pour six ans.

« Le conseil d'arrondissement est une création de » la loi, (disait M. de la Pinsonnière, rapporteur de la » loi du 5 avril 1833), la loi qui lui donna la vie l'a » cru utile, sans doute, c'était donc un devoir pour la » loi d'attacher des intérêts à cette existence, autrement » elle serait sans but. »

Quoiqu'il en soit, le conseil d'arrondissement n'a et ne peut avoir que très-peu d'attributions, car l'arrondissement qu'il représente n'a et ne forme pas une personne morale, il n'a pas de biens en propre, pas de budget.

Les conseils d'arrondissement délibèrent, donnent des avis : c'est surtout là leur attribution principale.

Voici du reste, d'après la loi du 10 mai 1838, l'énumération des attributions du conseil d'arrondissement.

Il est chargé :

1° De la répartition des contributions directes entre les communes de l'arrondissement, pour la quantité affectée à l'arrondissement dans la répartition faite par le conseil général.

2° De donner son avis motivé sur les demandes en décharge formées par les communes de l'arrondissement; demandes sur lesquelles il appartient au conseil général de statuer définitivement.

3° D'entendre et de critiquer le compte annuel que le sous-préfet rend du fonds de non-valeur destiné à l'arrondissement.

4° D'exprimer son opinion sur l'état et les besoins de l'arrondissement , et d'adresser cette opinion au préfet qui en fait part au conseil général.

Le sous-préfet assiste aux séances du conseil d'arrondissement. Il y a voix consultative pour seconder les vues d'amélioration et pour diriger les recherches qu'elles exigent. Mais il ne peut assister aux délibérations qui ont pour objet d'entendre et d'examiner ses comptes.

Le conseil d'arrondissement a deux sessions annuelles. Comme une de ses fonctions est de préparer les travaux du conseil général et de l'éclairer sur les besoins du département , il doit se réunir avant la session annuelle du conseil général. Et d'un autre côté , comme il sous-répartit entre les communes la contribution foncière, personnelle et mobilière , répartie par le conseil général entre les arrondissemens , il faut qu'il se réunisse de nouveau après la session du conseil général.

SECTION II.

Le sous-préfet a hérité des attributions exécutives des anciennes administrations de district. Aujourd'hui, c'est surtout un agent de transmission. Il exerce presque toutes ses fonctions sous la direction et l'autorité du préfet. Ce n'est que dans un très-petit nombre de cas qu'il agit en vertu d'une autorité qui lui est propre.

Voici du reste l'énumération des attributions du sous-préfet.

Dans certains cas, le sous-préfet passe les adjudications administratives, soit d'office, soit par délégation.

Il remplace les intendans et sous-intendans militaires lorsqu'il n'y en a pas dans l'arrondissement.

Il arrête tous les budgets des communes et hospices lorsque leurs revenus ne s'élèvent pas à cent francs. Il autorise les acceptations des dons et legs faits aux hospices et aux pauvres, lorsque leur valeur n'excède pas 500 francs de capital et qu'ils sont faits à titre gratuit.

Il autorise l'exploitation des ateliers compris dans la troisième classe des établissemens dangereux, insalubres et incommodes.

La garde nationale de l'arrondissement est placée sous l'autorité du sous-préfet.

Il nomme pour les bataillons cantonnaux, les majors, adjudans-majors, chirurgiens-majors, aides-majors, adjudans sous-officiers, officiers payeurs, sur la présentation du chef de bataillon.

Les maires sont sous la surveillance des sous-préfets, pour toutes les parties de l'administration.

En cas de faillite, évasion ou abandon d'un dépositaire des deniers publics, il est procédé à la requête du sous-préfet, à l'apposition des scellés et à l'inventaire des meubles, effets, titres et papiers dudit comptable.

Les sous-préfets procèdent avec l'assistance des maires à l'examen des tableaux de recensement et au tirage par la voie du sort des jeunes gens de chaque canton qui doivent former le contingent militaire. Ils statuent sur toutes les difficultés, auxquelles peuvent donner lieu ces tableaux et la désignation des jeunes gens atteints.

Ils requièrent la gendarmerie, la garde nationale et autre force publique en cas de danger imminent.

Ils ordonnent la destruction des tabacs plantés en contravention à la loi.

Ils ordonnent par provision et sauf le recours au préfet ce que de droit , pour faire cesser les dommages qui pourraient résulter des contraventions en matière de grande voirie.

L'autorité des sous-préfets peut également se mani-fester par des arrêtés. (1)

Comme agens du gouvernement , les sous-préfets , de même que tous les fonctionnaires administratifs , ne peuvent être poursuivis pour des faits relatifs à leurs fonctions qu'en vertu d'une autorisation du conseil d'état. (2)

---

(1) Le département se divise en arrondissemens , il y a un de ces arrondissemens dont le chef-lieu n'est autre que le chef-lieu du département. Pour celui-là c'est le préfet qui remplit les fonctions de sous-préfet. Pendant un certain temps il y avait aussi un sous-préfet au chef-lieu , mais on a supprimé ce fonctionnaire comme inutile , et avec raison ; car la sous-préfecture n'est qu'un bureau de transmission pour faciliter l'action de l'administration départementale. Or, pour l'arrondissement dépendant du chef-lieu de département l'action préfectorale peut fonctionner sans cette transmission.

(2) « Les agens du gouvernement, autres que les ministres, »ne peuvent être poursuivis pour des faits relatifs à leurs »fonctions , qu'en vertu d'une décision du conseil d'état : »en ce cas la poursuite peut avoir lieu devant les tribunaux »ordinaires. »

Constitution du 22 frimaire an VIII (art. 75).

CHAPITRE III.

DE LA COMMUNE.

SECTION PRÉLIMINAIRE.

Avant d'aborder la constitution de la commune, je résume ce que j'ai dit dans les deux premiers chapitres de ce livre.

J'ai parlé du département et de l'arrondissement.

On a vu que le département est non-seulement une

division territoriale , mais qu'il forme encore une corporation administrative complète , puisqu'il a : 1º un chef administratif ; 2º un tribunal administratif chargé de décider les points du contentieux et exercer des actes de tutelle administrative analogues à ceux du conseil d'état , mais dans une sphère d'activité moindre ; 3º un corps délibérant ; 4º un budget départemental ; 5º un domaine public et un domaine patrimonial.

On a vu que l'arrondissement est une subdivision du département. L'arrondissement forme aussi une circonscription judiciaire. Mais je n'avais à l'envisager et je ne l'ai envisagé que comme circonscription administrative.

Dans le système actuel et considéré sous ce dernier point de vue, l'arrondissement a été établi en vue de faciliter l'action administrative départementale en servant d'intermédiaire entre la commune et le département.

Mais bien que l'arrondissement ait un chef administratif et un corps délibérant , on ne peut pas dire qu'il forme une personne morale , une individualité admitrative bien caractérisée , car , l'arrondissement n'a pas de budget , il ne peut pas devenir propriétaire , et il ne peut exercer aucune action judiciaire.

L'arrondissement se divise en cantons.

Le canton a une importance plus judiciaire qu'administrative. Le chef-lieu du canton est le siége d'une justice de paix. Le juge de paix est le dernier magistrat de l'ordre judiciaire. Cette magistrature n'en est pas moins d'une importance immense , dans les districts ruraux surtout.

Mais le canton ne forme pas, à proprement parler, une circonscription administrative; car, il n'a pas de chef administratif, il n'a pas de conseil délibérant, pas de budget, pas de biens qui lui appartiennent en propre; toutefois, il ne faudrait pas induire de là que la division par cantons est sans importance. Elle en a plusieurs que voici :

C'est par cantons et non par communes que se fixe le dernier degré du contingent des hommes à fournir pour le recrutement de l'armée.

C'est au canton que se fait l'élection d'un membre du conseil général, lequel se présente à ce conseil non comme représentant une commune, un arrondissement, mais un ou plusieurs cantons.

Il en est de même pour les membres du conseil d'arrondissement.

Au chef-lieu du canton et sous la présidence du maire de ce chef-lieu, se réunissent annuellement les percepteurs et les maires des communes qui composent le canton, pour dresser les listes électorales et du jury.

Au chef-lieu de canton est très-souvent placée une brigade de gendarmerie.

Au chef-lieu du canton il y a présque toujours une direction des postes ou tout au moins un bureau de distribution.

Le canton est aussi un centre fiscal. C'est au chef-lieu que résident les préposés à la régie des contributions indirectes, et toujours un receveur de l'enregistrement et des domaines.

Les gardes nationales de plusieurs communes peuvent se réunir et former des bataillons cantonnaux.

Le canton se divise en communes.

Aucune loi ne nous donne une définition exacte du mot *commune*.

La constitution de 1791 voulant indiquer ce qu'on doit entendre par ce mot, s'exprime ainsi : « Les » citoyens Français considérés sous le rapport des rela- » tions locales qui naissent de leur réunion dans les » villes et dans de certains arrondissemens du territoire » des campagnes forment des *communes*. » (1) Mais ce n'est pas là une définition exacte. Ainsi, plusieurs particuliers habitent un petit village, de cette réunion

---

(1) Si je reproduis ici cette définition que j'ai donnée plus haut, c'est que j'aime mieux m'exposer à des répétitions que de faire des exposés incomplets.

dans une même localité résultent bien pour eux des relations locales, et cependant il peut bien se faire et il arrive fort souvent que ce village ne forme pas une commune.

La définition de la constitution de 91 est donc trop vague; elle pèche d'ailleurs contre les règles de la logique, qui veut pour qu'une définition soit bonne, que non-seulement elle comprenne tout le défini, mais encore qu'elle ne s'applique qu'au seul défini.

Dans une autre loi de la révolution (la loi du 10 juin 1793) nous trouvons une définition de la commune ainsi conçue : « Une commune est une société de » citoyens unis par des relations locales, soit qu'elle » forme une municipalité particulière, soit qu'elle fasse » partie d'une autre municipalité. »

Pas plus que la première, cette définition ne saurait convenir à la commune actuelle, car elle se réfère à un ordre de choses qui aujourd'hui n'existe plus, c'est-à-dire, aux lois qui admettaient plusieurs communes dans une seule municipalité, ainsi que cela avait lieu sous l'empire de la constitution de l'an III.

Des auteurs ont prétendu qu'on ne pouvait donner une définition exacte de la commune, je crois que c'est aller trop loin, c'est pourquoi je hasarderai celle qui suit :

Une commune est une subdivision territoriale du département formant une corporation administrative et une personne morale.

L'exposé que je vais faire de la législation municipale démontrera, je l'espère, que cette définition ne manque pas d'une certaine justesse.

Mais avant d'aborder la constitution intime de la commune, je dirai un mot de sa circonscription et des variations qu'elle comporte.

Comme j'ai déjà eu l'occasion de l'observer, l'assemblée constituante ne fit pas des communes ce qu'elle avait fait des provinces. Elle conserva les anciennes paroisses et communautés, et de chacune d'elles fit une commune, en sorte qu'il y en eut en France près de 40,000.

De cette manière de procéder résultèrent plusieurs inconvéniens qui ne tardèrent pas à se faire sentir et qui se font encore sentir aujourd'hui. Il se trouva que les anciennes circonscriptions de paroisses ne concordaient pas toujours avec la nouvelle division par départemens. Ainsi une partie du territoire de la commune se trouvait dans un département, l'autre partie dans l'autre ; et ce qui n'est aujourd'hui qu'un cas tout-à-fait exceptionnel arrivait alors très-fréquemment.

Un grand nombre de communes se trouvaient trop petites en territoire et en population, on fut obligé de les réunir pour en faire des communes plus grandes.

Certaines communes se trouvaient trop grandes. On les démembra, et de ce démembrement on en fit de nouvelles.

Quand sous l'empire de la législation de 89 et de 95 une réunion s'opérait, la commune qu'on réunissait à une autre conservait une partie de ses biens, c'est l'origine des sections de communes qui n'ont pas aujourd'hui d'autorité administrative permanente à elles propres, mais dont la loi néanmoins reconnaît l'existence, en tant que personnes morales.

Sur les questions de distraction et de réunion, les lois de la révolution étaient très-ambigües, la législation actuelle est beaucoup plus claire et beaucoup plus explicite.

A ce sujet, plusieurs cas peuvent se présenter.

1° Ou bien il s'agit de faire disparaître une ancienne commune et de la joindre en totalité à la commune voisine ;

2° Ou bien il s'agit de joindre la commune qu'on vient de supprimer, partie à une commune, partie à une autre;

3° Il peut arriver qu'on veuille former une nouvelle commune du démembrement d'une commune plus grande ;

4° Ou qu'on veuille former une nouvelle commune des démembremens de plusieurs anciennes communes ;

5° Il peut arriver aussi qu'une portion de commune

soit distraite de celle à laquelle elle appartenait pour être ajoutée à une autre.

6° Enfin il peut s'élever une simple question de délimitation de territoire qui ne doit pas affecter la circonscription territoriale et administrative quand aux habitans.

Je vais parcourir ces diverses hypothèses.

Quand il s'agit de faire disparaître une ancienne commune et de la joindre en totalité à la commune voisine, le préfet ordonne une enquête, on consulte les conseils municipaux des deux communes, on prend aussi l'avis du conseil d'arrondissement et du conseil général. Ce n'est qu'après avoir accompli ces diverses formalités qu'intervient l'acte qui doit prononcer la réunion, acte qui est une ordonnance ou une loi, suivant la distinction qui sera ci-après établie.

Si l'on veut joindre la commune qu'il s'agit de supprimer partie à une commune voisine, partie à l'autre, on prend l'avis du conseil général, du conseil d'arrondissement, des trois conseils municipaux des communes dont il s'agit. Puis le préfet nomme une commission syndicale pour chacune des deux sections de la commune qu'on veut supprimer. Cette commission syndicale est composée comme il va être dit plus bas.

Quand on veut former une nouvelle commune du démembrement d'une commune plus grande, on prend l'avis des conseils administratifs mentionnés ci-dessus. On prend encore l'avis d'une commission syndicale pour la section qu'il s'agit d'ériger en commune. Le *maximum* ou le *minimum* du nombre des membres qui doivent composer la commission syndicale n'a pas été fixé par la loi d'une manière générale. Il sera proportionnel à la population de la section. Le législateur a cru en devoir laisser la détermination au pouvoir discrétionnaire du préfet. Les membres de la commission seront élus par les électeurs municipaux domiciliés dans la section. Si le nombre des électeurs n'est pas double de celui des membres à élire, la commission sera composée des plus imposés de la section, elle nommera son président.

Si l'on veut former une nouvelle commune du démembrement de plusieurs grandes communes, outre le conseil général, celui d'arrondissement et les conseils municipaux des communes qu'il s'agit de démembrer, on consultera les commissions syndicales nommées, comme il vient d'être dit, par chacune des sections démembrées.

Dans le cinquième cas, on remplit les mêmes formalités que dans les cas précédens ; mais il n'y a qu'une commission syndicale à consulter, celle de la section qu'il s'agit de changer de commune.

Toujours, bien entendu, on prend l'avis du conseil général, du conseil d'arrondissement et des conseils municipaux.

Dans les divers cas dont je viens de parler, le conseil municipal de la commune est composé, non-seulement des membres élus, mais en outre des plus imposés en nombre égal à celui des membres élus, parce qu'il s'agit ici, comme dans le cas d'un impôt extraordinaire, de modifier d'une manière importante les charges de la commune.

Outre les moyens d'instruction dont j'ai parlé ci-dessus, l'administration s'entoure d'une autre espèce de renseignemens qui, dans des cas comme ceux-ci, lui sont indispensables.

Elle fait dresser des plans, consulte les employés du cadastre. Elle demande aussi l'avis d'un ingénieur des ponts et chaussées sur la fixation du périmètre des nouvelles communes à former.

Quand les réunions ou distractions des communes affectent la circonscription d'un canton, d'un arrondissement ou d'un département, elles doivent être prononcées par une loi.

La raison en est que les communes ont des droits propres, dont l'exercice est attribué aux habitans qui occupent leur territoire, qu'un changement de circonscription porte atteinte à la division judiciaire de la France et touche aux circonscriptions électorales établies par une loi et qu'une loi seule peut changer.

Les changemens de circonscriptions communales, établis à l'aide de distractions, réunions ou fractionnemens, ont deux sortes d'effets, elles changent la composition de l'ancien pouvoir municipal, elles affectent aussi le domaine communal.

Ainsi, une circonscription communale a été changée, il en résulte que l'ancien corps municipal va être dissous et qu'il va être procédé à la composition d'un nouveau.

Voilà quand aux effets politiques et administratifs. Voyons maintenant les modifications que va éprouver le domaine communal.

Il faut distinguer les biens faisant partie du domaine

public communal. Les biens patrimoniaux de la commune et les biens communaux proprement dits. J'insisterai plus bas sur cette distinction que je ne fais qu'indiquer ici.

Les biens faisant partie du domaine public, tels que les églises, les chemins vicinaux, les hôtels de ville, ne changent pas de nature par la modification qui s'opère. Ils restent donc ce qu'ils étaient, ils font toujours partie du domaine public. Mais ils deviennent la propriété de la nouvelle commune qui va se former ou ils restent celle de l'ancienne, sauf indemnité s'il y a lieu.

Les biens patrimoniaux, c'est-à-dire, ceux dont la nouvelle commune tire un revenu comme le ferait un particulier, rentrent dans la caisse municipale de la nouvelle commune s'ils s'y trouvent, puisque les revenus qu'ils produisaient étaient destinés à un service municipal, il n'y a aucune raison pour les détourner de cet emploi.

Mais les biens communaux, c'est-à-dire, ceux dont les habitans perçoivent les fruits en nature, restent la propriété exclusive de la section réunie ou distraite. La nature même de ces biens indique qu'il n'en pourrait être autrement sans injustice.

Du reste, quand il s'agit d'une réunion ou distraction, il peut arriver et il arrive même souvent que, relativement aux biens respectifs de chacune des communes ou sections de communes, il s'élève des difficultés. Il peut se faire qu'il soit équitable de donner des compensations ; la loi qui pose des règles générales ne pouvait prévoir tous ces cas ; c'est pour cela qu'elle a décidé que les conditions et les conséquences de la distraction et de la réunion devaient être déterminées par l'acte même qui prononcerait la distraction ou réunion.

Le dernier cas de modification qui peut se présenter relativement au changement à opérer dans la circonscription des communes, est le cas où il s'agirait d'une simple rectification de territoire dans un but cadastral. Mais ce cas n'a rien de commun avec les autres. C'est ce qu'a observé à la Chambre des Députés, le rapporteur du projet de loi qui, sur ce point, s'exprime ainsi : « Chaque jour ces rectifications ont lieu à la » suite des opérations du cadastre, des limites fixes et » naturelles sont adoptées : ces opérations sont pure- » ment administratives, elles ne blessent pas l'indivi- » dualité communale. Elles continuent à avoir lieu » dans les mêmes formes. » M. Mounier disait aussi dans son rapport à la Chambre des Pairs : « Que les » règles établies dans ce titre ne peuvent s'appliquer à » une rectification de limites, à la question de savoir » si quelque parcelle de terrain serait comprise dans » la circonscription d'une commune plutôt que dans » celle d'une autre. » C'est aussi dans ce sens qu'un avis du conseil d'état du 28 février 1838 a entendu la loi de 1837. Cet avis est ainsi conçu : « Considérant » que cette loi a statué en termes généraux pour tous » les cas de fractionnement des communes ; que rien » n'établit qu'elle ait entendu limiter l'observation des » formes qu'elle prescrit ; aux seuls cas où il s'agit de

» sections de commune ayant des droits , des usages ,
» des propriétés spéciales ayant une origine distincte ,
» que l'observation de ces formes est également motivée
» et également possible dans tous les cas où les mesures
» projetées tendent à altérer l'existence ou l'individualité
» de la commune. »

« Qu'il n'en est pas de même lorsqu'il s'agit d'une
» simple suppression d'enclaves ou d'une simple rectifi-
» cation de limites ; que cela résulte expressément des
» explications données aux deux Chambres par le
» rapporteur de la loi. »

« Est d'avis : que les formes prescrites par la loi
» pour les distinctions de section de commune, doivent
» être observées toutes les fois qu'il s'agit d'un assez
» grand nombre d'habitans , ou d'une portion de terrain
» assez considérable pour intéresser l'existence ou la
» constitution de la commune , ou pour rendre possible
» l'exécution des diverses prescriptions de la loi. »

« Mais que ces formes ne sont pas applicables aux
» opérations qui n'ont pour objet qu'une simple recti-
» fication de territoire. »

Puisqu'il résulte et de la discution de la loi et de la
jurisprudence récente du conseil d'état que c'est dans
ce sens que doit être interprétée la loi , il faut en
tirer cette conséquence , que, dans des cas comme
celui-ci , il y a lieu d'appliquer le règlement sur le
cadastre du 10 octobre 1821 qui porte ce qui suit :

« Si des communes sont d'accord pour substituer
» aux limites existantes une rivière , un chemin , ou
» tout autre limite naturelle et invariable , le géomètre

» en trace le projet sur un croquis visuel figuratif, et
» la proportion en est consignée sur un procès-verbal.
» Mais ces changemens de limite ne peuvent être opérés
» que d'après une ordonnance royale, sur l'avis des
» conseils municipaux, des sous-préfets et des préfets. »

« Il en sera de même des échanges et des réunions
» de territoire. »

« Les portions de terrains enlevées d'une commune,
» quoique administrées par une autre, sont de droit,
» réunies à la commune sur le territoire de laquelle
» elles sont situées. »

« Lorsque l'enclave dépend d'une commune située
» dans un autre département, la réunion ne peut avoir
» lieu qu'en vertu d'une ordonnance royale. Les avis
» des conseils municipaux, des préfets, des sous-préfets,
» sont envoyés au ministre de l'Intérieur. »

« Si un terrain prolongé sur un territoire étranger
» ne tient à la commune qui l'administre que par un
» point de peu d'étendue, il est de droit réuni au
» territoire dans lequel il se prolonge. »

On a examiné tout ce qui a rapport à la circonscription de la commune, reste à parler de sa constitution
intérieure.

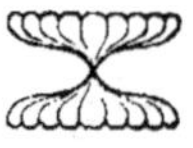

CONSTITUTION DE LA COMMUNE.

Les affaires publiques de la commune sont confiées à un corps municipal. Ce corps se compose d'une administration active à la tête de laquelle est le maire qui, suivant l'importance de la commune, est assisté d'un ou plusieurs adjoints et de certains autres fonctionnaires. Près du maire est une assemblée délibérante représentative, appelée conseil municipal.

SECTION I.

DU CONSEIL MUNICIPAL.

Ce corps doit être examiné : 1° dans sa composition ; 2° dans ses attributions.

§ 1.

Formation du conseil municipal. — Du nombre des membres qui doivent le composer. — Formation des assemblées électorales. — Du mode de l'élection et des difficultés qui peuvent se présenter à ce sujet. — De la manière de les résoudre.

Ainsi que je viens de le dire , dans chaque commune il y a un conseil municipal.

Le nombre des membres qui le composent varie suivant la population de la commune. Ainsi :

Dans les communes de cinq cents habitans et au-dessous, il est composé de dix membres.

De douze dans celles de cinq cents à quinze cents.

De vingt-trois dans celle de trois mille cinq cents à dix mille, et de trente-six dans celles d'une population de trente mille âmes et au-dessus.

On remarquera que le nombre des membres du conseil n'augmente pas dans une même proportion que la population, et que l'accroissement devient d'autant moins fort que la population augmente davantage.

La raison en est que si l'augmentation des membres du conseil était proportionnelle à l'augmentation de la population, on aurait des assemblées trop nombreuses où régnerait le tumulte des délibérations. De plus, les intérêts des communes devenant plus importans et plus compliqués à mesure que la population augmente, il deviendrait beaucoup plus difficile de trouver un grand nombre d'hommes éclairés capables de veiller à leur gestion.

Relativement au nombre des conseillers municipaux, la loi dispose encore que dans les communes où il y aura plus de trois adjoints, le conseil municipal sera composé d'un nombre de membres égal à celui des adjoints au-dessus de trois. — Et que dans celles où il aura été nommé un ou plusieurs adjoints spéciaux et supplémentaires, le conseil municipal sera augmenté d'un nombre égal à celui de ces adjoints.

La raison de cette disposition de la loi est, sans doute, que les adjoints nommés faisant partie du pouvoir actif de la commune et le soutenant de toute leur influence, il est nécessaire de nommer des membres qui, par leurs votes, puissent contrebalancer cette influence en cas de besoin.

Les membres des conseils municipaux sont nommés par élection.

Dans notre organisation politique et administrative, il y a trois espèces d'assemblées représentatives hiérarchiquement constituées.

La première est une assemblée nationale, la Chambre des Députés.

La deuxième espèce comprend les assemblées départementales, à savoir : les conseils généraux de département, et les conseils d'arrondissement. Je les range ici dans une même catégorie, parce que, comme on a pu le voir plus haut, les seconds ne sont guère que les auxiliaires des premiers.

La troisième enfin comprend les conseils municipaux. C'est d'eux que je m'occupe en ce moment.

J'ai dit qu'il y avait hiérarchie dans ce système, car la Chambre des Députés a des intérêts plus vastes à gérer et des attributions plus nombreuses et plus étendues que les conseils généraux et d'arrondissement.

De même, les intérêts qu'ont à gérer ces derniers sont plus importans que ceux qui sont soumis aux conseils municipaux.

Le législateur a considéré que moins les intérêts étaient graves, plus ils devenaient à la portée du grand nombre.

Partant de cette idée, il a créé un système électoral presqu'aristocratique pour la Chambre des Députés, beaucoup plus libéral pour les conseils généraux et d'arrondissement, enfin presque démocratique pour les conseils municipaux.

Voyons maintenant comment se composent les assemblées électorales appelées à élire les membres de ces derniers conseils.

Les électeurs qui sont appelés à ces assemblées sont de deux sortes. Une première catégorie est composée d'après un cens contributif. Une seconde d'après une capacité que fait présumer, soit une fonction publique, soit l'obtention d'un grade universitaire, soit l'exercice d'une certaine profession.

Dans la première catégorie on range :

Les citoyens les plus imposés au rôle des contributions directes de la commune, âgés de 21 ans accomplis, dans la proportion suivante :

Pour les communes de mille âmes et au-dessus, un nombre égal au dixième de la population de la commune ; ce nombre s'accroîtra de cinq par cent habitans en sus de mille jusqu'à cinq mille.

De quatre par cent en sus de cinq mille jusqu'à quinze mille.

De trois par cent au-dessus de quinze mille.

Comme on le voit, le nombre des électeurs croit dans une proportion moins forte que la population. Le législateur en a disposé ainsi, parce qu'il a craint que dans les grandes communes les assemblées électorales ne devinssent trop nombreuses et par suite démagogiques.

Dans la catégorie des capacités on range :

1° Les membres des cours et tribunaux , les juges de paix et leurs suppléans ;

2° Les membres des Chambres de commerce, des conseils de manufactures et des conseils de prud-hommes ;

3° Les membres des commissions administratives , des colléges , des hospices et des bureaux de bienfaisance ;

4° Les officiers de la garde nationale ;

5° Les membres et correspondans de l'Institut , les membres des sociétés savantes instituées ou autorisées par une loi ;

6° Les docteurs de l'une des facultés de droit de sciences , de lettres , ou de médecine , après trois ans de domicile dans la commune.

7° Les avocats inscrits au tableau , les avoués près les cours et tribunaux , les notaires , les licenciés de l'une des facultés de droit , des sciences , des lettres , chargés de l'enseignement de quelques-unes des matières appartenant à la faculté où ils auront pris leur licence ; les uns et les autres après cinq ans d'exercice et de domicile réel dans la commune ;

8° Les anciens fonctionnaires de l'ordre administratif et judiciaire jouissant d'une pension de retraite ;

9° Les employés des administrations civiles et militaires jouissant d'une pension de retraite de six cents francs et au-dessus ;

10° Les élèves de l'école polytechnique qui ont été à leur sortie déclarés admis ou admissibles dans les services publics , après deux ans de domicile réel dans la commune. Toutefois, les officiers appelés à jouir du droit électoral en qualité d'anciens élèves de l'école polytechnique, ne pourront l'exercer dans les communes où ils se trouveront en garnison, qu'autant qu'ils y auraient acquis leur domicile civil et politique avant de faire partie de la garnison;

11° Les officiers de terre et de mer jouissant d'une pension de retraite;

12° Les citoyens appelés à voter aux élections des membres de la Chambre des Députés ou des conseils généraux de département, quel que soit le taux de leur contribution dans la commune.

« Le nombre des électeurs domiciliés dans la commune ne pourra être moindre de trente. Sauf le cas où il ne se trouverait pas un nombre suffisant de citoyens payant une contribution directe. » (1)

« Les citoyens qualifiés pour voter dans l'assemblée des électeurs communaux, en qualité de capacité, et qui seraient en même temps inscrits sur la liste des électeurs censitaires, voteront en cette dernière qualité. » (2)

Les électeurs appelés à voter seront inscrits sur une liste.

Les listes dressées pour les élections législatives, le jury, sont permanentes, il n'en est pas de même pour les élections municipales. Voici du reste comment elles se dressent.

---

(1) Loi du 21 mars 1831, art. 12.
(2) Loi du 21 mars 1831, art. 13.

Tous les ans, au premier janvier, le maire dresse une double liste, l'une des censitaires pour la confection de laquelle il se fait assister du percepteur des contributions directes et des commissaires répartiteurs, l'autre des diverses capacités énumérées ci-dessus.

La liste confectionnée sera affichée le 8 janvier dans la commune, elle devra être communiquée à tout requérant au secrétariat de la mairie.

La liste ne sera clause que le 51 mars.

Pendant un mois à dater de l'affiche, les électeurs de la commune ne pourront réclamer contre les omissions d'inscription sur la liste et contre les inscriptions indûment faites.

Ils s'adressent d'abord au maire qui doit prononcer après avoir pris l'avis de trois conseillers municipaux délégués. Dans ce cas le maire a des attributions quasi contentieuses.

Quinzaine à dater de la notification de la décision du maire, les intéressés peuvent l'attaquer devant le préfet qui prononce en conseil de préfecture.

L'art 42 de la loi sur l'organisation municipale pose comme règle que les difficultés relatives, soit à l'attribution des droits civiques ou civils, soit au domicile réel ou politique, seront portées devant le tribunal civil de l'arrondissement qui statuera en dernier ressort.

De cette règle on doit conclure que le législateur doit déroger à la généralité de l'article 56 qui veut qu'il soit fait appel devant le préfet des difficultés en matière de confection de listes; et que dans l'espèce on n'a pas à recourir à cette juridiction, comme l'avait prétendu le ministre de l'Intérieur dans sa circulaire du 10 mai 1851.

On peut porter devant le conseil d'état, le recours contre les décisions du préfet prises en conseil de préfecture. Un arrêt du 21 juin 1853 est même allé jusqu'à dire que le recours pourrait avoir lieu par la voie contentieuse.

De ce que les précautions de publicité prises par la loi sont une garantie suffisante, on doit décider, ainsi que l'a fait le conseil d'état, que les listes électorales publiées, affichées et non attaquées dans les formes et dans les délais, sont inattaquables.

Un arrêt du conseil du 13 août 1854 décide que le maire chargé de prononcer sur les inscriptions n'a pas qualité pour se pourvoir contre un arrêté du préfet en conseil de préfecture qui a annulé ses décisions.

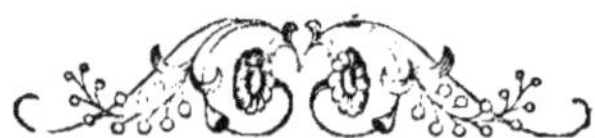

Voilà pour ce qui est relatif à l'électorat, voyons maintenant pour ce qui a trait à l'éligibilité.

En règle générale et absolue les membres du conseil municipal doivent être choisis parmi les électeurs municipaux.

Mais il ne suit pas de là que tous les électeurs municipaux soient susceptibles d'être élus.

Ainsi : les électeurs qui n'auront pas atteint l'âge de 25 ans accomplis, ne pourront pas être membres du conseil municipal. Le législateur a cru que l'éligibilité devait être fixée à un âge plus avancé que l'électorat.

Les membres forains, c'est-à-dire, ceux qui tout en payant une contribution dans la commune n'y sont cependant pas domiciliés, ne peuvent entrer que pour un quart dans la composition du conseil municipal. La raison en est que, n'étant pas dans la commune, ils sont bien moins censés s'attacher à ses intérêts que ceux qui y sont domiciliés.

Les personnes qui ne sont inscrites sur la liste électorale municipale qu'à titre de capacité ne peuvent entrer dans la composition du conseil que pour un tiers. C'est dans la crainte de *l'esprit prétendu anti-conservateur de ceux qui n'ont rien que quelques lumières* que le législateur en a disposé ainsi.

Il y a incompatibilité entre la qualité de membre du conseil municipal et l'exercice de certaines fonctions publiques telles que :

1° Celles de préfets, sous-préfets, conseillers de préfecture, secrétaires généraux ; ce sont là, en effet, des agens du pouvoir exécutif qui, étant chargés de surveiller et d'inspecter l'autorité municipale, ne peuvent pas en faire partie.

2° Celles de ministres des divers cultes en exercice dans la commune. Le caractère de leurs fonctions est tel qu'ils ne doivent pas se commettre dans les discussions quelquefois très-animées qui s'élèvent dans le sein des conseils municipaux. D'un autre côté, il peut arriver que la commune ait à supporter des dépenses de culte. Cela intéresse essentiellement le ministre de la religion, et il n'est pas convenable qu'il prenne part à la délibération et au vote.

5° Celles d'agents salariés par la commune, tels que gardes champêtres, appariteurs de la commune, commissaires de police, et ceux qui manient les deniers de la commune, tels que receveurs municipaux, préposés de l'octroi.

La raison en est que les personnes salariées par la commune ne peuvent pas voter les fonds qui leur sont attribués à titre de *salaires*, et que ceux qui ont le maniement des deniers de la commune soumis à la critique du conseil municipal ne peuvent pas en faire partie.

Quelques personnes prétendent que bien que les instituteurs primaires et les régents des colléges communaux soient salariés par la commune, ils peuvent faire partie du conseil municipal parce que, disent-elles, la loi en disposant dans l'art. 6 qu'ils ne peuvent être maires, a dit implicitement qu'ils peuvent être membres du conseil, autrement l'exception eût été inutile, car on ne peut prendre le maire que parmi les membres du conseil?

Je ne saurais me ranger à cette opinion; parce que les termes de la loi sont généraux et qu'on ne peut pas y introduire d'exceptions par une interprétation qui ne serait que subtile. C'est aussi dans ce dernier sens que s'est prononcé le ministre de l'Intérieur dans sa circulaire du 11 août 1831.

4° Une quatrième exception résulte des incompatibilités de parenté. Ainsi , les parens au degré de père , de fils , de frère , ne peuvent faire simultanément partie du même conseil municipal , ainsi que les alliés au même degré. On a craint les influences de famille. Cependant cette exception ne s'applique pas aux communes de moins de cinq cents habitans , à cause de la difficulté qu'il y aurait à composer un conseil municipal. Mais dans le cas d'incompatibilité comment déterminera-t-on la préférence ? « Quand les deux personnes » qui ne peuvent faire partie du même conseil municipal » ont été nommées ensemble , dit M. Foucart , quatre » moyens de décider se présentent : 1° la priorité de nomi- » nation , 2° la majorité des suffrages , 3° le tirage au sort , » 4° l'âge. Le conseil d'état a adopté le premier par la » raison que la nomination déjà faite de l'une des » personnes rendait impossible et nulle celle de l'autre. » Cette solution ne peut s'appliquer qu'au cas où les » deux élections ont eu lieu dans des sections diffé- » rentes qui ne sont pas réunies le même jour , ou » dans la même section , mais par des tours de scrutin » séparés. Si elles ont été faites par le même scrutin , » la différence se déterminera par la majorité des » suffrages. Mais dans tous les cas si l'un des conseillers » n'accepte pas son élection , la nomination de l'autre » doit être maintenue. »

Cette doctrine s'appuie sur plusieurs arrêts du conseil et sur des circulaires ministérielles.

Du principe généralement admis dans tous les gouvernemens monarchiques parlementaires , qu'il appartient au pouvoir exécutif de convoquer les colléges
électoraux appelés à élire les membres des assemblées
délibérantes , combiné avec cet autre principe de notre
droit administratif, que le préfet est l'agent principal
du pouvoir exécutif pour le département , quand à son
administration intérieure , il suit :

Que c'est lui qui doit convoquer les assemblées
électorales appelées à élire les membres des conseils
municipaux.

Cette convocation a lieu dans quatre cas.

1° Dans le cas de dissolution pour le renouvellement
intégral du conseil ;

2° Dans le cas de renouvellement triennal ;

3° D'annulation d'une ou plusieurs élections ;

4° Lorsque dans l'intervalle des élections , le conseil
se trouve réduit aux trois quarts de ses membres par
démission , décès , perte de droits civils , civiques et
de famille , etc.

La démission d'un membre du conseil est expresse
ou tacite ;

Expresse, lorsque un membre du conseil donne formellement sa démission ; tacite, lorsque après trois convocations consécutives, un membre a manqué aux séances sans motifs reconnus légitimes.

Lorsqu'une commune aura plus de deux mille cinq cents habitans, l'assemblée électorale sera divisée en sections, lesquelles seront formées par agglomérations de quartiers contigus. « Le nombre des sections sera tel que chacune d'elles ait au plus huit conseillers à nommer dans les communes de deux mille cinq cents à dix mille habitans ; six dans celles de dix mille à trente mille, et quatre dans celles dont la population excède ce dernier nombre. »

« La division en sections se fera par quartiers voisins et de manière à répartir également, autant que faire se pourra, le nombre des votans entre les sections. » (1)

La division du collége électoral en sections étant un acte du pouvoir exécutif, il s'en suit que c'est au préfet qu'il appartient de fixer l'ordre des sections.

Par la même raison, c'est au préfet qu'il appartient de déclarer démissionnaire le membre du conseil municipal qui refusera de prêter le serment voulu par la loi ;

De désigner le lieu où doit se réunir l'assemblée électorale et de prononcer sur les questions de tirage

---

(1) Loi du 21 mars 1831, art. 44.

au sort. C'est surtout dans le cas où la commune sera divisée en sections que se présenteront ces questions. « Chaque section, dit la loi, nommera un nombre égal de conseillers, à moins toutefois que le nombre des conseillers ne soit pas exactement divisible par celui des sections, auquel cas les premières sections suivant l'ordre des numéros, nommeront un conseiller de plus. Leur réunion aura lieu successivement à deux jours de distance. — L'ordre des numéros sera déterminé pour la première fois par la voie du sort en assemblée publique du conseil municipal. A chaque élection nouvelle, la section qui avait le premier numéro dans l'élection précédente prendra le dernier ; celle qui avait le second prendra le premier, et ainsi de suite. — »

On peut recourir contre l'arrêté du préfet qui prononce sur les difficultés qui se présentent en cette matière, mais comme c'est là une acte d'administration pure et simple c'est au ministre que le recours doit être porté. Ainsi le conseil d'état ne saurait l'admettre à moins que l'arrêté ne lui fût déféré pour incompétence ou excès de pouvoir ; et, en effet, les actes qui viennent d'être énumérés ne sont pas des actes d'administration contentieuse, lorsque ils ont été pris dans les limites de la compétence préfectorale, le conseil d'état n'a rien à y voir quand au fond. C'est aussi de cette manière qu'a décidé un arrêt du conseil du 19 décembre 1834.

Voilà donc le collége électoral formé et réuni, on va procéder à l'élection.

Les opérations électorales seront valables, ou elles ne le seront pas. Chaque membre de l'assemblée a le droit de les arguer de nullité si elles n'ont pas été faites dans les formes. Voilà donc des difficultés qui vont s'élever sur des opérations administratives. Qui sera juge ? Évidemment un corps à qui, suivant le droit commun, est attribué le contentieux administratif au premier degré, c'est-à-dire, le conseil de préfecture. Nous l'avons vu assister le préfet quand il s'est agi de vider les difficultés qui pouvaient s'élever sur la confection et la rectification des listes électorales. Ici, au contraire, la matière est purement contentieuse, le conseil prononce comme tribunal.

Voici sur les difficultés que peut faire naître la non-observation des formalités qu'a prescrites la loi sur les élections municipales : deux règles de fond que M. de Cormenin a formulées d'une manière nette et précise ainsi que les conséquences principales qui en découlent.

« Du principe, dit cet auteur, que la matière est favorable, qu'il faut entendre les élections dans le sens le plus large, et qu'il n'y a de nullités que celles qui ont été prononcées par la loi, ou qui résultent d'une infraction positive, ou de la violation de quelques formes substantielles, il suit :

» Que la convocation à domicile des électeurs forains n'est pas indispensable, et qu'il suffit d'affiches et de publications ;

» Qu'il en est de même de la convocation des sections à un seul jour d'intervalle ;

19

» Que l'intervention du juge de paix , ou la présence de soldats et de gardes nationaux dans l'assemblée peuvent ne pas vicier l'élection ;

» Que l'adjoint peut présider l'assemblée lorsque le maire est empêché ;

» Qu'il en est de même de l'ancien maire , quoique non élu du conseil municipal ;

» Que le père et le fils peuvent faire partie du même bureau ;

» Que le défaut d'insertion au procès-verbal des décisions provisoires du bureau n'entraine pas de nullité ;

» Que les membres du bureau peuvent ne pas s'abstenir de délibérer sur les questions qui les concernent personnellement ;

» Que le secrétaire peut compter parmi les trois membres dont la présence est nécessaire au bureau. »

» Du principe qu'il n'y a lieu d'annuler l'élection qu'autant qu'il aurait été porté atteinte au secret, à la sincérité , ou à la liberté des suffrages, il suit : »

» Que l'affiche dans la salle et le dépôt sur le bureau de la liste des conseillers municipaux sortans ne sont pas défendus ;

» Que les électeurs illétrés peuvent faire écrire leur vote par tout membre du bureau ou de l'assemblée, même par le président ;

» Qu'on doit compter à l'individu un bulletin qui porte son nom en même temps qu'un prénom biffé qui n'est pas le sien et qui ne s'applique qu'à lui ;

» Que le second tour de scrutin peut avoir lieu plusieurs jours après le premier ;

» Il suit du même principe, par la raison contraire, que l'élection serait nulle ;

» Si le président contraignait les électeurs illétrés et récalcitrans à faire écrire leur vote par un membre du bureau ;

» Si un scrutateur après refus de serment reste au bureau ;

» Si un président non électeur a voté, et si son vote a déterminé la majorité ;

» Si l'accomplissement des formalités essentielles de la loi n'est point relaté dans le procès-verbal ni dans les pièces supplétives ;

» Et autres cas analogues. » (1)

Voici d'autres cas qui pourraient se présenter et dans lesquels le conseil de préfecture devrait valider l'élection.

De ce que le nombre des conseillers municipaux doit être proportionnel à celui de la population, il suit : que ce nombre doit être augmenté par suite du recensement de la population, et si réellement ce recensement constate une augmentation de population, non-seulement il doit être procédé au remplacement des conseillers sortans, mais encore à la nomination des membres appelés à compléter le conseil municipal.

Dans un autre cas, un arrêt du conseil a décidé que les électeurs ne pouvaient se réunir en une seule

---

(1) A l'appui de chacune de ces décisions M. de Cormenin cite en note un arrêt du conseil d'état.

assemblée contrairement à ce qu'aurait décidé l'arrêté du préfet qui les aurait divisés en deux sections. Cet arrêt du conseil d'état est fondé sur cette raison : que tant que l'arrêté subsiste il a force obligatoire. Si les électeurs ne le croient pas bien rendu ils peuvent le déférer au conseil d'état pour excès de pouvoir.

La loi sur l'organisation municipale appelle aux assemblées électorales les officiers de la garde nationale sans aucune exception. En conséquence, les officiers doivent être portés sur les listes électorales communales lorsqu'ils ont prêté le serment voulu par la loi.

Les officiers de la garde nationale qui ne sont pas habillés dans le délai prescrit par la loi, ont néanmoins le droit de voter, s'ils sont inscrits sur les listes électorales, et s'il n'a pas été réclamé contre leur inscription. (1)

J'aurais encore beaucoup de cas à citer, je m'arrête. J'ai développé quelques principes, j'ai fait connaître ce qu'il y avait de plus saillant dans la jurisprudence. Cependant avant de terminer ce § je dois dire un mot du recours au conseil d'état auquel sont sujets les arrêtés des conseils de préfecture rendus sur cette matière.

---

(1) On voit avec peine que le pouvoir et les citoyens négligent l'institution de la garde nationale. Quand les citoyens n'iraient aux élections que pour augmenter le nombre des électeurs municipaux , ce serait quelque chose.

D'abord, j'observerai que la matière est d'urgence, soit devant le premier degré, soit devant le deuxième degré de juridiction. C'est pour cela que la jurisprudence n'accorde au conseil de préfecture qu'un délai très-bref pour statuer.

Il faut, en outre, que les contestations soient vidées à peu de frais, et c'est pour cette raison qu'il a été statué que les parties n'avaient pas besoin d'un avocat au conseil.

Le recours au conseil d'état n'est pas formellement établi par la loi de 1851. Mais le droit commun le permet. C'est, en effet, un principe de droit administratif généralement reçu, qu'on peut appeler au conseil d'état de tous les arrêtés rendus par les conseils de préfecture.

Le mode de convocation des membres du conseil municipal n'est réglé ni par un article de loi, ni par aucun règlement d'administration publique; il n'y a là-dessus que quelques instructions ministérielles qui ne sont pas générales, ou quelques circulaires de préfet. Il nous semble que MM. les Maires devraient faire la convocation par lettres closes. Cela serait plus convenable d'abord, et ensuite cela aurait l'avantage d'indiquer d'une manière plus précise aux membres que l'on convoque l'objet et le moment de la réunion.

Les sessions des conseils municipaux sont ordinaires ou extraordinaires. Les sessions ordinaires ont lieu quatre fois l'année, au commencement des mois de février, mai, août et novembre. La plupart du temps l'autorité supérieure rappelle aux maires les convocations qu'ils ont à faire, si elle ne leur envoyait aucune circulaire, je pense qu'ils devraient les faire d'eux mêmes.

Dans les réunions ordinaires les conseils municipaux s'occupent de tout ce qui a trait aux affaires de la commune.

Quand aux réunions extraordinaires, elles peuvent être provoquées d'office 1º par le préfet ou le sous-préfet;

2º Par le préfet et le sous-préfet lorsque le maire demande une convocation dans l'intérêt des affaires de la commune ;

3º Elles peuvent être demandées **au préfet** directement par le tiers des membres en exercice dans le conseil municipal. Le préfet peut l'accorder ou la refuser, c'est un acte du pouvoir discrétionnaire de l'administration. Toutefois, dans le cas de refus il est obligé de motiver l'arrêté par lequel il a refusé, et le tiers des membres qui ont demandé peut se pourvoir devant le ministre de l'Intérieur. Mais ce dernier ne prononce pas en conseil d'état, car c'est ici un acte du pouvoir exécutif, ce n'est pas un acte d'administration contentieuse.

Le conseil ainsi convoqué extraordinairement, ne peut délibérer que sur l'objet spécial de la convocation, à la différence du cas où la session du conseil est une session ordinaire.

En général quelles que soient les réunions du conseil, ordinaires ou extraordinaires, ses délibé-rations n'ont d'effets légaux qu'autant qu'elles ont été prises dans les limites de ses attributions et qu'il a a été légalement réuni. Toute réunion qui n'a pas eu lieu dans ces conditions ne peut produire qu'une délibération infectée d'un vice de nullité radicale , elle doit être prononcée par le préfet en conseil de préfecture.

Il y a cependant une différence entre l'un et l'autre cas.

Quand le conseil a délibéré sans être légalement convoqué , comme il ne s'agit que de l'appréciation d'un fait, l'arrêté préfectoral ne peut pas être attaqué par la voie du recours.

Au contraire , quand le conseil a été légalement convoqué et réuni, et qu'il a , à ce qu'on prétend , outre-passé dans ses délibérations la limite de ses attributions ; comme il s'agit d'une question de droit , d'une question de compétence (et celles là sont des plus délicates) , le conseil peut se pourvoir contre la décision du préfet devant le roi qui prononce , le conseil d'état entendu.

La convocation étant faite à jours et à terme déterminés , il importe d'examiner quel est le nombre des membres du conseil réuni.

Pour qu'il puisse délibérer après une première convocation il faut que le conseil soit composé de la majorité des conseillers en exercice.

Souvent il arrive que la majorité des membres ne se réunit pas après une première convocation , alors la loi en prescrit une seconde, et si après deux convocations faites par le maire à huit jours d'intervalle et dûment constatées , les membres du conseil ne se sont pas réunis en nombre suffisant , la délibération peut être valablement prise quel que soit le nombre des membres présens.

Le préfet doit en faire mention en tête de la délibération ainsi prise et déclarer démissionnaire tout membre qui a manqué à trois convocations consécutives sans motifs reconnus légitimes par le conseil.

Le conseil municipal est présidé par le maire , ou en l'absence du maire par un des adjoints. Toutefois, il y a exception à cette règle dans un cas , c'est lorsque le conseil délibère sur les comptes d'administration présentés par le maire. Pour présider à cette délibération le conseil nomme un de ses membres au scrutin et à la majorité.

Dans tous les cas , c'est le conseil qui, à l'ouverture de chaque session, nomme le secrétaire chargé de tenir note de ses délibérations.

Des considérations analogues à celles qui ont fait prohiber la publicité des séances des conseils généraux ont déterminé le législateur à prohiber aussi la publicité des séances des conseils municipaux.

Cependant chaque citoyen inscrit sur le rôle des contributions de la commune peut demander et obtenir communication du procès-verbal des séances.

Il est permis cependant aux conseils municipaux d'ordonner la publication du procès-verbal de leurs séances et de voter des fonds *ad hoc*, mais il faut pour cela l'assentiment de l'autorité supérieure.

§ II.

ATTRIBUTIONS DU CONSEIL MUNICIPAL.

Le conseil municipal a des attributions délibérantes et des attributions consultatives.

Parmi ses attributions délibérantes, il en est qui lui permettent de prendre des délibérations emportant règlement définitif, d'autres qui n'emportent règlement qu'avec l'approbation de l'autorité supérieure.

Les délibérations qui emportent règlement définitif ont lieu :

1° Lorsque le conseil statue sur le mode d'administration des biens communaux.

2° Sur les conditions des baux à ferme ou à loyer, dont la durée n'excède pas dix-huit ans pour les biens ruraux , et neuf ans pour les autres biens.

3° Sur le mode de jouissance et la répartition des pâturages et autres fruits communaux, autres que les bois , ainsi que les conditions à imposer aux parties prenantes.

4° Sur les affouages, en se conformant aux lois forestières.

Ces divers règlemens ne touchent qu'à la jouissance du temps présent. Ils ne modifient pas gravement la fortune communale ; aussi la loi donne en cette matière un pouvoir presque souverain au conseil municipal. Je dis presque, parce que sans cela la proposition serait trop générale. Je m'explique :

Les règlemens faits sur cette matière sont exécutoires sans l'approbation de l'autorité supérieure. Cependant cette dernière a un droit d'annulation qu'elle doit faire valoir dans les trente jours qui suivent la date du recepissé à la préfecture, sans quoi la délibération sera exécutoire de plein droit.

C'est le préfet qui doit prononcer cette annulation soit d'office, pour violation de la loi, soit sur la réclamation des parties intéressées. Dans tous les cas cependant le préfet peut suspendre les effets de la délibération pendant un autre délai de trente jours.

Pour tous les autres actes que ceux qui viennent d'être indiqués ci-dessus, les délibérations du conseil municipal ne peuvent être mises à exécution qu'autant qu'elles auront été autorisées ou approuvées par l'autorité supérieure.

Du principe que le conseil municipal est le corps représentatif de la commune, il suit :

Qu'il a un démembrement de la puissance législative qui consiste à voter l'impôt pour les besoins de la localité.

A ce titre, il règle le budget de la commune, il reçoit et contrôle les comptes des membres actifs de l'autorité municipale.

La commune pourvoit aux dépenses portées dans son budget à l'aide de recettes qu'on range en deux catégories, les recettes ordinaires et les recettes extraordinaires.

Les recettes ordinaires des communes se composent :

1° Des revenus de tous les biens dont les habitans n'ont pas la jouissance en nature ;

2° Des cotisations imposées annuellement sur les ayant-droit aux fruits qui se perçoivent en nature ;

3° Du produit des centimes ordinaires affectés aux communes par les lois de finance.

4° Du produit de la portion accordée aux communes dans l'impôt des patentes ;

5° Du produit des octrois municipaux ;

6° Du produit des droits de place perçus dans les halles, foires, marchés, abattoirs, d'après les tarifs dûment autorisés ;

7° Du produit des permis de stationnement et de location sur la voie publique, sur les ponts et rivières et autres lieux publics ;

8° Du produit des péages communaux, des droits de pesage, mesurage, et jaugeage, des droits de voirie et autres droits légalement établis ;

9° Du prix des concessions dans les cimetières ;

10° Du produit des concessions de l'enlèvement des boues et immondices dans la voie publique , et autres concessions autorisées pour les services communaux ;

11° Du produit des expéditions des actes administratifs et des actes de l'état civil ;

12° De la portion que les lois accordent aux communes dans le produit des amendes prononcées par les tribunaux de simple police , par ceux de police correctionnelle et par les conseils de discipline de la garde nationale ;

Et généralement du produit de toutes les taxes de ville et de police dont la perception est autorisée par la loi.

Les recettes extraordinaires se composent :

1° Des contributions extraordinaires dûment autorisées ;

2° Du prix des biens aliénés ;

3° Des dons et legs ;

4° Du remboursement des capitaux exigibles et des rentes rachetées ;

5° Du produit des coupes extraordinaires de bois ;

6° Du produit des emprunts ;

Et de toutes autres recettes accidentelles.

Nous avons vu en quoi consistaient les recettes communales , voyons maintenant en quoi consistent les dépenses.

Elles sont obligatoires ou facultatives.

Sont obligatoires les dépenses qui suivent :

1° L'entretien , s'il y a lieu , de l'hôtel de ville ou du local affecté à la mairie ;

2° Les frais de bureau ou d'entretien pour le service de la commune ;

3° L'abonnement au Bulletin des lois ;

4° Les frais de recensement de la population ;

5° Les frais de registre de l'état civil , et la portion des tables décennales à la charge de la commune ;

6° Le traitement du receveur municipal , du préposé en chef de l'octroi , et les frais de perception ;

7° Le traitement des gardes des bois de la commune et des gardes champêtres ;

8° Le traitement et les frais de bureau des commissaires de police , tels qu'ils sont déterminés par les lois ;

9° Les pensions des employés municipaux , et des commissaires de police régulièrement liquidées et approuvées ;

10° Les frais de loyer et de réparation du local de la justice de paix , ainsi que ceux d'achat et d'entretien de son mobilier dans les communes chefs-lieux de canton ;

11° Les dépenses de la garde nationale telles qu'elles sont déterminées par les lois ;

12° Les dépenses relatives à l'instruction publique conformément aux lois ;

13° L'indemnité de logement aux curés et desservans , et autres ministres des cultes salariés par l'état , lorsqu'il n'existe pas de bâtiment affecté à leur logement ;

14° Les secours aux fabriques des églises et autres administrations préposées aux cultes dont les ministres sont salariés par l'état , en cas d'insuffisance de leurs revenus justifiée par leurs comptes et budgets ;

15° Le contingent assigné à la commune, conformément aux lois dans la dépense des enfans trouvés et abandonnés ;

16° Les grosses réparations aux édifices communaux, sauf l'exécution des lois spéciales concernant les bâtimens militaires ou les édifices consacrés au culte.

17° La clôture des cimetières, leur entretien et leur translation, dans les cas déterminés par les lois et les règlemens d'administration publique ;

18° Les frais des plans d'alignemens ;

19° Les frais et dépenses des conseils de prud'hommes pour les communes où ils siègent, les menus frais des Chambres consultatives des arts et manufactures pour les communes où elles existent ;

20° Les contributions établies par les lois sur les biens et les revenus communaux ;

21° L'acquittement des dettes exigibles ;

Et généralement toutes les autres dépenses mises à la charge des communes par une disposition des lois.

Toutes les dépenses des communes qui ne sont pas obligatoires sont facultatives.

Ainsi, par exemple, sont facultatives :

Les dépenses relatives à la plantation des promenades, aux embellissemens de certains édifices publics ;

Les dépenses relatives au pavé des rues et à leur éclairage ;

Celles relatives à la construction, à l'enjolivement et à l'entretien des salles de spectacle ;

Celles relatives aux musées, jardins botaniques, bibliothèques publiques et à leur éclairage ;

Les supplémens de traitement des curés et desservans ;

Les traitemens de certains vicaires et autres ministres du culte ;

Les traitemens d'architectes communaux ;

Les dépenses relatives à l'achat et à l'entretien des pompes à incendie. Celles relatives aux compagnies de pompiers ;

Et autres analogues.

Il y a cette différence entre les dépenses facultatives et les dépenses obligatoires , c'est que les premières ne doivent se faire qu'autant que la commune ou le conseil municipal qui la représente les a consenties , tandis que les dépenses obligatoires doivent toujours avoir lieu ; et si le conseil municipal , par oubli ou par mauvaise volonté , ne les a pas allouées , elles sont ordonnées d'office par l'autorité supérieure suivant la distinction suivante :

Pour les communes dont le revenu est inférieur à 100,000 francs , elles sont ordonnées par le préfet ; et pour celles dont le revenu est supérieur ou égal à cette somme , par ordonnance royale.

Nous avons vu les élémens qui entrent dans la composition du budget communal. Il importe maintenant d'examiner comment l'autorité supérieure intervient pour ratifier ou surveiller ce budget , et comment les fonctionnaires chargés de l'ordonnancement de l'emploi et du maniement des deniers de la commune en rendent compte. Recevoir ce compte , est comme je l'ai observé plus haut, une des attributions les plus importantes du conseil municipal.

J'ai déjà observé que la commune était une corporation administrative en tutelle , que ce n'était qu'en
la soumettant à une grande surveillance que le législateur la laissait s'administrer et se gouverner. C'est
suivant ce principe que la loi décide que le budget
d'une commune ne devient définitif que lorsqu'il est
approuvé par l'autorité supérieure , savoir : pour les
communes dont le revenu est inférieur à 100 mille
francs , par un arrêté du préfet ; et pour celles dont
le revenu est égal ou supérieur à cette somme , par
une ordonnance royale. La raison de cette intervention
de l'autorité supérieure est qu'on a craint que dans la
composition du budget le conseil municipal ne s'écartât
des dispositions de la loi , qu'il refusât, par exemple ,
de voter des fonds pour une des dépenses qualifiées
ci-dessus d'obligatoires.

« Dans le cas où pour une cause quelconque , le
budget d'une commune n'aurait pas été approuvé avant
le commencement de l'exercice , les recettes et dépenses ordinaires continuent , jusqu'à l'approbation
de ce budget , à être faites conformément à celui de
de l'année précédente. » (Loi de 1837 art. 35.)

Le budget de la commune étant réglé , il peut se
faire que des fonds soient devenus nécessaires pour
pourvoir à de certaines dépenses faites pendant
l'exercice précédent. Des subsides sont demandés au
conseil municipal à cet effet. Le conseil vote alors des
crédits supplémentaires lesquels doivent être autorisés
par le préfet dans les communes dont il règle le budget
et par le ministre dans les autres communes.

A la clôture de chaque exercice, le maire rend un compte d'administration au conseil municipal, qui, dans ce cas, a une attribution de contrôle et de critique tout comme les Chambres vis-à-vis des ministres, et les conseils généraux vis-à-vis des préfets. J'avais donc raison de dire plus haut qu'en ce qui concernait le budget communal, le conseil municipal avait des attributions presque législatives. Le compte-rendu par le conseil municipal doit être approuvé par le ministre ou par le préfet, suivant la distinction ci-dessus.

Le receveur agent comptable de la commune rend pareillement un compte de caisse; mais il n'y a, dans ce cas, de la part du conseil qu'un examen tout matériel, un examen de comptabilité purement et simplement; tandis que vis-à-vis du maire c'est de la part du conseil, l'appréciation morale de tout un ensemble d'actes administratifs.

« Le receveur municipal est tenu de faire, sous sa responsabilité personnelle, toutes les diligences nécessaires pour la perception des revenus, legs, donations, et autres ressources affectées au service de la commune ; de faire faire contre les débiteurs en retard de payer, et à la requête du maire, les exploits, significations et commandemens nécessaires, d'avertir les administrateurs de l'expiration des baux ; d'empêcher les prescriptions ; de veiller à la conservation des domaines, droits, priviléges et hypothèques ; de requérir à cet effet l'inscription au bureau des hypothèques de tous les titres qui en sont susceptibles, enfin de tenir registre de ces inscriptions et autres poursuites et diligences. » (1)

« Les receveurs des communes doivent , en conséquence , joindre à leur compte , comme pièces justificatives , un état des propriétés foncières , des rentes et des créances mobilières qui composent l'actif de ces communes. Cet état doit indiquer la nature des titres , leur date et celles des inscriptions hypothécaires prises pour leur conservation , et s'il y a des procédures entamées , la situation où elles se trouvent. »

« Cet état certifié conforme par le receveur , doit être visé par l'administration municipale qui y joint des observations s'il y a lieu. Les certificats de *quitus* ne sont délivrés aux comptables , à l'effet de remboursement de cautionnement , qu'après qu'il a été reconnu par l'autorité qui juge les comptes qu'ils ont satisfait à l'obligation imposée par l'arrêté du 19 ventose an XII , pour la conservation des biens et des créances appartenant à la commune dont ils gèrent la recette. » (2)

Les deux comptes , celui d'administration du maire , et celui de caisse du percepteur , sont débattus et votés par le conseil municipal , sauf règlement définitif.

Ce règlement est fait par le conseil de préfecture pour les communes dont le revenu n'excède pas 30 mille francs , sauf recours à la Cour des comptes ,

---

(1) Arrêté du 19 vendémiaire an XII.
(2) Circulaire du ministre de l'Intérieur du 10 avril 1831.

et directement par cette Cour lorsque le revenu de la commune excède 50 mille francs. (1)

Toute personne peut prendre connaissance des budgets et comptes déposés à la mairie.

La clôture de l'exercice a lieu au 30 juin de l'année qui le suit, la loi l'a décidé ainsi afin qu'il pût y avoir assez de temps pour employer les fonds votés convenablement et sans précipitation. Mais passé ce délai le maire ne peut plus ordonnancer sur les crédits votés.

J'ai examiné le conseil municipal comme corps délibérant, il doit être aussi considéré comme comité consultatif. On doit le considérer en cette qualité quand il est un moyen d'instruction pour l'autorité supérieure et pour les tribunaux administratifs.

(1) Voyez la loi de 1837 et une ordonnance royale du 23 avril 1823.

Les cas dans lesquels le conseil municipal est consulté sont fixés dans un grand nombre de lois et de règlemens d'administration publique.

Ainsi il est appelé à donner son avis :

1° Sur la fixation des circonscriptions relatives au culte ;

2° Sur la fixation des circonscriptions relatives à la distribution des secours publics ;

3° Sur les projets d'alignement de grande et petite voirie dans l'intérieur des villes, bourgs et village ;

4° Sur l'acceptation des dons et legs faits aux établissemens de bienfaisance ;

5° Sur les autorisations d'emprunter, d'acquérir, d'échanger, d'aliéner, de plaider, demandées par ces mêmes établissemens et par les fabriques des églises et autres administrations préposées à l'entretien des cultes dont les ministres sont salariés par l'état ;

6° Sur les budgets et les comptes d'établissemens de charité et de bienfaisance ;

7° Sur les budgets et les comptes des fabriques et autres administrations préposées à l'entretien des cultes dont les ministres sont salariés par l'état, lorsqu'elles reçoivent des secours sur les fonds communaux.

Le conseil municipal a aussi des attributions de protection, de *defensor civitatis* dans les rapports qu'a la commune avec l'administration générale ; c'est à ce titre qu'il émet des vœux et forme des réclamations.

Il émet des vœux sur tous les objets d'intérêt local, par exemple :

Pour faire passer une route sur tel point de la commune ou du canton plutôt que sur tout autre ;

Pour établir un collège royal dans tel endroit du département plutôt que dans tel autre ;

Pour l'emplacement d'une caserne.

Mais il ne doit qu'émettre des vœux, et il commettrait un délit politique s'il publiait des proclamations ou adresses dans un but étranger à l'administration de la commune, ou s'il s'entendait avec un ou plusieurs conseils municipaux voisins.

Le conseil municipal peut former des réclamations :

Contre le contingent affecté par le conseil municipal à la commune dans l'impôt de répartition et contre toute autre mesure qui aurait pour but de froisser les intérêts de la commune contrairement à une bonne exécution de la loi.

Voilà en peu de mots les attributions du conseil municipal.

SECTION II.

A la tête du pouvoir exécutif de la commune se trouve le maire. Ce fonctionnaire est aidé ou assisté de plusieurs autres qui sont sous lui.

Ce sont 1° des adjoints dont le nombre varie suivant l'importance de la commune. Il y en a toujours un. Ils suppléent le maire en cas d'absence. Celui-ci peut même, autorisé par l'administration supérieure, déléguer à l'adjoint certaines parties de ses fonctions.

2° Un ou plusieurs commissaires de police ; il n'y en a que dans les communes d'une certaine importance. Le commissaire de police a sous lui plusieurs agents. Dans les communes rurales les agens de police sont les gardes champêtres.

3° Un receveur municipal ; il n'y en a que dans les communes qui ont un revenu d'une certaine importance. Dans les autres, c'est le percepteur des contributions qui remplit ces fonctions.

Et enfin d'autres employés, tels que secrétaires de mairie, chefs de bureau, architectes, agens voyers, receveurs d'octroi, suivant les besoins administratifs de la commune.

DU MAIRE.

Lors de la rédaction de la loi de 1831 sur l'organisation municipale, une vive discussion s'éleva dans les Chambres sur la question de savoir qui nommerait les maires. Seraient-ils élus ? seraient-ils nommés par le pouvoir central ? telle était la question qu'on débattait. Les partisans de la dernière opinion disaient qu'admettre l'élection, ce serait créer dans un grand nombre de communes de l'opposition et des entraves aux mesures de l'administration générale, ce serait faire des 38 mille communes de France 38 mille petites républiques indépendantes , que par ce moyen on attaquerait la centralisation , et par suite l'unité nationale. De leur côté , les partisans de l'élection disaient qu'il était bien vrai que le maire procurait l'action à l'exécution des lois et des règlemens d'administration publique ; mais que dans ce cas c'était la commune qui prêtait ses agens au gouvernement central : que dans beaucoup de cas , et même dans le plus grand nombre , le maire était le représentant de la commune , le défenseur de ses intérêts ; qu'il fallait de plus , à ce magistrat , chargé non-seulement de fonctions administratives , mais encore de fonctions judiciaires , de la tenue des registres de l'état civil , une indépendance de position que la nomination par l'élection était seule capable de donner.

Il est vrai de dire que dans notre système constitutionnel ces deux opinions ont chacune leur bon côté et leur côté défectueux. C'est ce que vit très-bien le législateur ; et pour cela même il tâcha de concilier les deux opinions en mettant en pratique une théorie qu'avaient indiquée d'éminens publicistes , sous la restauration. (1) On décida donc que les maires et adjoints représentant d'un côté la commune , de l'autre le pouvoir central , seraient nommés par ce dernier ; mais qu'il serait restreint dans son choix et ne pourrait

---

(1) De Barante, Henrion de Pensey, B. Constant. Voyez aussi la discussion à laquelle donna lieu un projet de loi présenté aux Chambres , sous le ministère Martignac.

choisir que parmi les membres du conseil municipal de la commune qui s'y trouvent domiciliés.

Dans les communes de moins de 5,000 mille habitans, la nomination du maire est faite au nom du roi par le préfet.

Dans les chefs-lieux d'arrondissement quelle que soit leur population et dans les communes de plus de 5,000 habitans, la nomination est faite par le roi et contre signée par le ministre de l'Intérieur.

Le maire est, comme cela a été observé, assisté d'un ou plusieurs adjoints.

La loi établit qu'il n'y aura qu'un seul adjoint dans les communes de 2,500 habitans et au-dessous, deux dans celles de 2,500 à 10,000 mille habitans, et dans les communes d'une population supérieure, un adjoint de plus pour chaque excédent de 20 mille habitans.

Cette disposition est empruntée textuellement à la loi du 28 pluviose an VIII.

Sous ses ordres, le maire peut avoir plusieurs employés pour lesquels il est alloué des traitemens dans le budget de la commune, mais il n'est alloué de traitement qu'aux employés subalternes. Les fonctions de maire et d'adjoint sont gratuites, il ne peut même leur être alloué de traitement pour indemnité de représentation.

Il y a incompatibilité entre les fonctions de maire, d'adjoint et certaines autres fonctions. Ces incompatibilités proviennent soit de la nature diverse des fonctions, soit de certaines raisons de convenance.

Ainsi ne peuvent être ni maires ni adjoints :

1° Les membres des cours et tribunaux de première instance et des justices de paix ;

2° Les ministres des cultes ;

3° Les militaires employés des armées de terre et de mer en activité de service ou en disponibilité ;

4° Les ingénieurs des ponts et chaussées et des mines en activité de service ;

5° Les agents et employés des administrations financières et des forêts ;

6° Les fonctionnaires et employés des colléges communaux et les instituteurs primaires ;

7° Les commissaires de police.

Néanmoins, ajoute la loi, les juges suppléans aux tribunaux de première instance et les suppléans des juges de paix peuvent être maires et adjoints.

Il y a incompatibilité entre les fonctions de maires et d'adjoints et le service de la garde nationale.

Je passe maintenant aux attributions du maire. On peut les ranger en diverses catégories.

Il y en a qui sont judiciaires, d'autres administratives et judiciaires à la fois, d'autres purement administratives ; et, dans ce dernier cas, tantôt on doit considérer le maire comme agissant plus spécialement pour la commune ; tantôt comme agent de l'administration supérieure pour laquelle il procure l'action immédiate et définitive de la loi.

Voici du reste les attributions du maire.

Il est : 1° officier d'état civil ;

2° Officier de police judiciaire ;

3° Juge de simple police ;

4° Agent de l'administration supérieure ;

5° Représentant de la commune et son agent administratif principal ;

6° Enfin, il est à la tête de la police municipale.

I. Comme officier d'état civil, il constate les déclarations de naissance et celles de décès ; mais il ne doit constater que le décès, il ne doit rien déclarer

qui puisse former les élémens d'une procédure criminelle. S'il le faisait ce ne serait plus en qualité d'officier
de l'état civil ; mais en qualité d'officier de police
judiciaire.

Le maire fait les publications de mariage , il déclare
que les futurs conjoints entendent se prendre pour mari
et femme. Il prononce cette union au nom de la loi et
il en dresse acte.

Il donne l'authenticité aux actes ci-dessus , en sorte
que pour les attaquer il faut s'inscrire en faux.

Comme officier d'état civil , le maire est civilement
responsable des altérations aux actes qu'il dresse en
cette qualité. Il est sous la surveillance du procureur
du roi.

II. Comme officier de police judiciaire , le maire
est chargé par le procureur du roi , et il doit même
souvent , dans un cas pressant, agir de lui-même pour
rechercher les crimes , délits et contraventions qui se
commettent sur le territoire de la commune. Il reçoit
les dénonciations et plaintes qui y sont relatives , et

il en dresse procès-verbal. Dans le cas de flagrant délit ou de réquisition de la part d'un chef de maison, il fait les visites et il accomplit les autres actes qui, suivant le code d'instruction criminelle, sont de la compétence du procureur du roi.

S'il s'agit d'une contravention de police, il doit dans un délai très-court, remettre les pièces de l'instruction qu'il a dressée à l'officier qui remplit les fonctions de ministère public près le tribunal de simple police, et s'il s'agit de crimes et délits, au procureur du roi.

Pour remplir les fonctions d'officier de police judiciaire, il a le droit de requérir la force armée. Quand il se trouve au lieu et place du procureur du roi, il peut lancer des mandats d'amener contre les prévenus contre lesquels s'élèvent des indices graves d'un crime emportant peine afflictive ou infâmante.

En sa qualité d'officier de police judiciaire le maire remplit près du juge de paix, jugeant en simple police, les fonctions de ministère public dans les communes chefs-lieux de cantons qui n'ont pas de commissaire de police.

III. Les maires sont aussi juges de simple police.

Ils exercent cette fonction concurremment avec les juges de paix. Je m'explique :

Dans les communes qui sont chefs-lieux de canton, c'est le juge de paix qui exerce les fonctions de juge de simple police.

Dans les autres communes il peut être établi un tribunal de simple police. C'est le maire qui est juge. Quand il n'y a pas de commissaire de police dans la commune, comme cela arrive dans presque toutes les communes qui ne sont pas au moins chefs-lieux de canton, c'est l'adjoint qui remplit les fonctions de ministère public près le tribunal de simple police.

Le greffier dans ce cas est un citoyen nommé par le maire et assermenté près le tribunal de police correctionnelle.

On peut s'étonner que le législateur ait donné tant de pouvoir au maire, ait accumulé sur sa tête des fonctions qui tiennent au pouvoir exécutif et au pouvoir judiciaire. Mais d'abord cette accumulation n'existe pas dans les grandes communes ; or, c'est seulement dans les grands centres de population qu'elle eut pu être dangereuse ; et il faut convenir que dans les petites communes on ne pouvait guère faire autrement.

Voilà ce qui a trait aux attributions judiciaires du maire. Je passe à ses attributions administratives.

IV. Le maire est l'agent de l'autorité supérieure. Il fallait bien, en effet, que dans un gouvernement basé sur le système de la centralisation, l'autorité centrale eut un représentant dans chaque commune, il le fallait bien pour procurer l'action immédiate et dernière de la loi. Dans notre système administratif qui pouvait être mieux choisi que le maire qui est toujours un citoyen recommandable de la localité, et dans presque toutes les communes le seul qui puisse correspondre avec le gouvernement. Par sa position, sa connaissance des lieux, il peut mieux éclairer l'administration et adoucir ce qu'aurait de rigoureux certaines mesures dont l'exécution ne serait pas supportable si un agent étranger était chargé de les mettre à exécution. (1)

---

(1) De ce nombre est la mesure du recensement, qui a naguère excité tant de troubles dans plusieurs villes importantes du royaume. Du reste, c'est là un point très-difficultueux et sur lequel on a lieu de s'étonner que la législature n'ait pas donné des éclaircissemens qui seraient utiles pour l'avenir.

En qualité d'agent de l'autorité supérieure, le maire est chargé :

1° De la publication et de l'exécution des lois et règlemens;

2° Des fonctions spéciales qui lui sont attribuées par les lois;

3° De l'exécution des mesures de sûreté générale.

Comme agent de l'autorité supérieure, le maire est subordonné au préfet et au sous-préfet.

Il doit exécuter les ordres qu'il reçoit sous sa responsabilité personnelle, et s'il refusait, le préfet pourrait après l'en avoir requis, y procéder d'office ou par un délégué spécial.

Voilà en quoi consistent les attributions du maire comme agent de l'autorité supérieure.

V. J'entre dans l'examen de ses fonctions municipales proprement dites. Elles ont trait à deux ordres de choses : à la gestion des biens et des intérêts communaux ; à la police propre à la commune.

21

Comme administrateur des biens et des intérêts communaux, le maire veille à ce que les bois communaux soient bien gardés ; à ce que les biens communaux ne soient pas dégradés, dilapidés. Il doit surveiller les fermiers des biens patrimoniaux de la commune, veiller au partage des fruits communaux, conformément à ce qui a été décidé par le conseil municipal.

Il est appelé à représenter la commune dans ses contrats d'acquisitions, d'aliénations, de baux à ferme et à loyer ; il doit aussi la représenter devant les tribunaux, soit qu'elle agisse en demandant ou en défendant.

Le maire est aussi chargé de la petite voirie. Quand j'en serai à cette partie de l'administration municipale, je n'oublierai pas de faire connaître ses attributions sur ce point, ainsi que celles des agens-voyers.

Le maire est aussi chargé de surveiller l'entretien et la construction des édifices communaux ; l'exécution des travaux, quand elle est importante, est confiée à des architectes.

De ce que le maire est l'administrateur de la commune, il résulte encore :

Qu'il est compétent pour nommer à tous les emplois communaux pour lesquels la loi ne prescrit pas un mode spécial de nomination, et pour suspendre et révoquer les titulaires de ces emplois.

Pour nommer les gardes champêtres et les pâtres communs, sauf l'approbation du conseil municipal ; et pour les suspendre, quand aux premiers, et les révoquer, quand aux seconds.

Pour résoudre , avec l'assistance de deux conseillers , les difficultés qui peuvent s'élever sur les opérations préparatoires des adjudications publiques faites au nom et pour le compte de la commune.

C'est le maire qui présente le budget de la commune au conseil municipal. Il ordonnance les dépenses mais il ne manie pas les deniers ; cette fonction est celle d'un agent salarié qui est le receveur municipal. J'en ai parlé plus haut.

VI. Le maire est chargé de la police municipale , mais ces fonctions deviendraient très-pénibles pour lui ou pour ses adjoints dans les communes importantes. Dans ce cas la police repressive est exercée par un ou plusieurs commissaires de police.

En général , la jurisprudence et la législation administratives de l'empire ne donnaient des commissaires de police qu'aux communes dont la population excédait 5,000 habitans. Cette jurisprudence n'est plus observée aujourd'hui, et l'on accorde des commissaires de police à-peu-près à tous les chefs-lieux d'arrondissement, quelle qu'en soit la population.

Il n'y a qu'un seul commissaire de police quand la population n'excède pas 10,000 habitans. Dans le cas contraire, il y en a un par 10,000 habitans d'excédant.

Quand la population d'une commune est très-considérable, quand elle dépasse 80,000 habitans, il peut y avoir un commissaire général auquel tous les commissaires de quartier sont subordonnés, et qui lui-même est subordonné au maire et au préfet. (1)

Le commissaire de police a non-seulement des fonctions administratives, il est encore officier de police judiciaire, Sous le premier point de vue, c'est du maire et du préfet qu'il dépend ; sous le second, il dépend des procureurs généraux et du roi. Il est même à certains égards membre de leur ordre ; et, à ce titre, il exerce les fonctions de ministère public près le tribunal de simple police. Les procès-verbaux qu'il rédige font loi jusqu'à preuve contraire. Ainsi, d'un côté, étant agent municipal, il est payé par la ville, d'un autre côté, étant officier de police judiciaire, il est nommé par l'autorité centrale.

---

(1) A Paris, c'est au préfet de police qu'est confiée la direction générale de la police pour cette ville. Mais l'administration municipale de la ville n'est pas la même que celle des autres villes du royaume. J'aurai à en parler dans le tome second de cet ouvrage.

Les commissaires de police ont sous eux des agents qu'on appelle tantôt sergents de ville, tantôt agents de police.

La police rurale est confiée à des gardes champêtres; il en existe un par commune, il peut y en avoir un plus grand nombre, si le conseil municipal le juge nécessaire. Ils sont nommés, approuvés par le conseil municipal. Ils sont commissionnés par le sous-préfet; ils prêtent serment devant le tribunal civil.

Toutes ces fonctions de commissaires, d'agents de police, de gardes champêtres sont exercées sous l'autorité et la surveillance du maire.

De ce principe que le maire est chargé de la police municipale, il résulte : « qu'il lui appartient de veiller à tout ce qui intéresse la sûreté et la commodité du passage dans les rues, quais, places et voies publiques, ce qui comprend le nettoiement, l'illumination, l'enlèvement des encombremens, la démolition ou la réparation des bâtimens menaçant ruine, l'interdiction de rien exposer aux fenêtres et autres parties des bâtimens qui puisse nuire par sa chûte, et celle de rien jeter qui puisse blesser ou endommager les passans, ou causer des exhalaisons nuisibles. »

« Qu'il lui appartient de réprimer les délits contre la tranquillité publique, tels que les rixes et les disputes accompagnées d'ameutemens dans les rues, le tumulte dans les lieux d'assemblée publique, les bruits et attroupemens nocturnes qui troublent le repos des citoyens. »

« Qu'il doit veiller au maintien du bon ordre dans

les endroits où se font de grands rassemblemens d'hommes , tels que foires , marchés, réjouissances et cérémonies publiques, spectacles , jeux , cafés , églises et autres lieux publics. »

« Qu'il doit inspecter la fidélité du débit des denrées qui se vendent au poids , au mètre et à la mesure , et sur la salubrité des comestibles exposés en vente publique. »

Par le même principe , on fait aussi rentrer dans les attributions du maire :

« Le soin de prévenir par des précautions convenables et de faire cesser par la distribution de secours nécessaires , les accidents et fléaux calamiteux , tels que les incendies, les épidémies, les épizooties ; en provoquant aussi dans ces derniers cas l'autorité des administrations de département et de district. »

« Le soin d'obvier ou de remédier aux évènemens fâcheux qui pourraient être occasionnés par des insensés ou des furieux laissés en liberté , par la divagation des animaux malfaisans et féroces. (1)

Par la même raison , les spectacles publics ne pourront être fermés ou autorisés que par les officiers municipaux.

Les maires peuvent prendre des arrêtés pour faire exécuter les lois ou pour rappeler les citoyens à leur exécution.

____

(1) Loi des 16 et 24 août 1790. (Voyez aussi Foucart, *Élémens de Droit public et administratif*, tome 5.)

Toutes les fois que la loi a donné aux maires le droit de prendre des arrêtés , ils ne peuvent pas être réformés par l'autorité judiciaire, ils ne peuvent l'être que par l'autorité administrative. Ainsi l'a décidé la Cour de cassation.

FIN DU TOME PREMIER.

Avignon, Typ. de BONNET fils , rue Bouquerie , 7.

AVIS.

Quelques incorrections s'étant glissées dans le corps
de l'ouvrage, on prie le lecteur de lire soigneusement
l'*Errata* ci-après.

ERRATA.

PRÉFACE. — Page v, ligne 15, au lieu de *Les uns*, lisez
Des auteurs.

Page 2, à la note, ligne 4, au lieu de *La langue française*,
lisez : *Histoire de la littérature française.*

Page 8, ligne 26, au lieu de *l'Administration impériale*, lisez :
l'administration municipale.

Page 12, à la note, ligne 4, au lieu de *Explication historique
des tustitutes*, lisez : *Explication historique des institutes.*

Page 21, ligne 26, au lieu de *Curriis*, lisez : *Curiis.*

Page 47, ligne 18, au lieu de *Examen sérieux*, lisez : *Examen
plus sérieux.*

Page 53, ligne 18, au lieu de *Dans les premières*, lisez : *les
Municipes du Midi.*

Id. — ligne 19, au lieu de *Dans les secondes*, lisez : *Dans les
communes du Nord.*

Page 57, — Sommaire. — ligne 2, au lieu de *Capets*, lisez : *Capet.*

Id.   — *Id.* — ligne 3, au lieu de *Louis* IX, lisez : *Louis* XI.

Page 134, ligne 1re, au lieu de *Pas théorie*, lisez : *Pas en
théorie.*

TABLE

DES MATIÈRES

CONTENUES DANS LE PREMIER VOLUME.

LIVRE PREMIER.

FIN DE LA TABLE.

www.ingramcontent.com/pod-product-compliance
Lightning Source LLC
LaVergne TN
LVHW011902180726
843502LV00003B/552